史明 審訂

手繪台灣人四百年史

邱顯洵 繪著

目錄

閱讀說明

諷刺畫（caricature），一向被視為「民主的工具」、「反抗的畫筆」，透過誇張、犀利的構圖，達到諷刺或警醒世人的效果。

本書收錄 310 幅台灣歷史諷刺畫報，依據統治政權及事件時間分輯及排序，反映出 16 世紀至今，接二連三在島嶼上演的分裂與對抗、佔領與殺伐。歷史上的事件看似各自獨立，卻暗藏著微妙的關連。順著時序閱讀，這是一部長達四百年的大河劇；然而，每一幅畫都夾帶著大量的故事細節與線索，亦可視為獨立的單格漫畫——其中或許有你熟悉的人名，卻以你不曾見過的面目登場；有你曾經聽聞的事件，卻完全顛覆你已習慣的情節。

歷史，該如何解讀，現在交給你了。

推薦序

真切且鼓舞人心的實踐

史明／口述
邱顯洵／記錄

我與邱顯洵先生「作伙」已經有四五年了！

記得與他初識時，只覺得顯洵先生為人謙遜，與扶養我成長的祖母同宗，都姓邱，隨後得知他也和祖母一樣長年茹素禮佛，這讓我印象更為深刻且倍感親近。如果要請人描繪出我敬愛的祖母邱氏桂女士，勾勒童年時期那令人懷念的：祖母親手釀製的豆腐乳、各種應時醬菜、醃瓜的辛勤身影，邱顯洵先生絕對是我心目中最適當的人選。

我早年流亡東京，奮力書寫《台灣人四百年史》的期間，因常在電車上看到無論老老少少的日本人，幾乎都專注沉迷於漫畫書的世界裡，於是我自己在工作和寫作的空檔中，開始嘗試用年少時殘存記憶中的些許美術課堂上的訓練，以簡單筆觸去畫漫畫，將沉重而艱澀的《台灣人四百年史》之中的重點內容，逐一畫成漫畫，希望更多人可以透過趣味的漫畫來了解台灣人的歷史，但終究繪畫非我專長，所以付梓後並未引起太多人關注，所以在出版了上集之後即停頓，一直到認識邱顯洵先生。在台灣從事政治評論漫畫多年的他，義不容辭的表示要接下這件未完成的工作，他所畫的漫畫是用正統藝術創作的態度來進行，由嚴謹而深沉的線條窺探出中世紀末以降的西洋美術發展的脈絡，更能在莊嚴古典型式的構圖中，彷彿聽到巴哈（Johann Sebastian

Bach）的宗教音樂及韓德爾（Georg Friedrich Händel）的彌賽亞，其中牽涉到歷史的繪畫有其考證上的困難，加上台灣的被殖民經驗結構，歷史圖像更是貧乏殘破的，如果沒有高度的興趣與強烈的意志，是很難堅持下去的。以台灣和日本的人口比例來看，台灣從事繪畫創作的藝術家數量雖屬龐大，但願意用「心肝」、用理想來創作的藝術家，在這個世代中猶如鳳毛麟角，更顯得難得可貴。

邱顯洵先生留學法國多年，在去年舉辦了個人的漫畫創作個展，我有幸親臨祝賀，仔細觀看他歷年來的創作，深覺台灣真正的美術是來自歐洲，透過日本明治維新的留歐世代、隔海傳承播種於殖民地台灣，歷經數個世代的醞釀，奠基於法國、德意志的寫實主義精神，在他的創作中竟然巧妙的重新呈現。這些年的時間，透過多次與他的交談中，發現他除了對西方藝術的知識豐富之外，也能把知識化作創作的元素，是位頗具哲學家「味道」的藝術家，最重要的是他創作中最核心的部份，是終生在探索尋找台灣的形狀，這樣的發現令人興奮。

能夠「誠實」的為人處世，努力創作，是真正台灣藝術家的標準，能夠身體力行更是彌足珍貴，這本《手繪台灣人四百年史》的問世，就是一種真切且鼓舞人心的實踐！

推薦序

台灣史的推廣者

吳密察

史明《台灣人四百年史》可能是最廣為人知的一部台灣史著作了。但是說最廣為人知，卻並不意味著它的內容普遍地被仔細閱讀了。或許絕大多數的人，對於這部「名著」還是「但聞其名，未知其實」，只知道它的書名，未必見得讀了它的內容吧。

史明這部著作的書名，正面提出了兩個很重要而且具有號召力的概念：「台灣人」、「四百年史」。因此，不論該著作的內容如何，光是這個書名就具有值得被記一筆的意義。但是，對於史明這種跨越戰爭的世代，「台灣人」這種具有民族主義意義的概念，顯然有很大的轉折；而且，戰後的幾十年間關於民族主義的反省，也已經讓「台灣人」這種民族主義概念，有了極大的改變。所以，史明也就必須另外再以一部篇幅巨大的「巨著」（史明《台灣民族主義與台灣獨立革命》，2001）來說明它。

至於，「四百年史」這個概念，在20世紀20年代台灣史大致「成立」的同時，也就已經有人質疑過了。如今又過了將近一世紀之後，更必須要對這個概念重新來檢視了。「四百年史」說的應該是就16世紀以來的歷史，也就是東西洋勢力來到台灣海域，福建沿海地區民眾移民來到台灣的之後的歷史。這種歷史顯然無視在東西洋勢力來到、來自福建的人移入之前，就已經在台灣這個島上長久發展的原住民之歷史。因此，20世紀20年代的日本人尾崎秀真，

就主張應該將原住民的歷史寫進台灣史，而提倡「台灣五千年史」。漢人移民進入台灣的殖民運動，並不像晚近的殖民主義在殖民主義崩潰或在地的民族主義興起之後，便退出殖民地。漢人移民對台灣的殖民運動是個不斷持續，而且是一波一波層層堆疊的過程。這種殖民運動的殖民者，並沒有離開而且留下來成為台灣社會的一部分，因此有人名之為「定居殖民主義（settler colonialism）」。如何在台灣史的敘述裡安置原住民的位置，並反省侵入者漢人的歷史，顯然是台灣在新世紀的重大課題。

史明之《台灣人四百年史》經過多次增訂，其篇幅已經從原來的幾百頁，發展到目前的部帙龐大的千餘頁「巨著」。它從各種來源匯集了雜多的歷史材料，一般只因為有興趣想要了解一些台灣史的非研究者，大多難以通讀一遍，應該只是挑選其中的一些篇章（例如，國民黨政權的特務系統）來瀏覽而已。因此，邱顯洵先生將它摘要，而且訴諸以漫畫的形式來表現，未嘗不是個推廣的好辦法。

邱顯洵先生，應該就像是一般在 20 世紀 1950-60 年代於台灣受教育的世代一樣，都是到了成年以後經過反省才又回過頭來認識台灣歷史的。對於這樣的人來說，史明《台灣人四百年史》當然很容易就成為他的台灣歷史啟蒙書，而且可以想像當初他讀該書時候所受到的衝擊有多大。如今即使已經過了幾多歲月，我們還是可以在邱先生的漫畫之下讀取到他的激動。一本書不但要能傳達一些知識，當然我們也很希望在其中看得到作者的熱情與激動，而這就是一本這樣的台灣歷史入門書。

（本文作者為中華民國國史館館長）

推薦序

獻給這塊土地的子子孫孫

柯文哲

邱顯洵，是我競選台北市長時負責所有文宣的設計。協助我把艱澀難懂的市政政策，繪畫成簡單易懂的漫畫以便讓市民瞭解。邱老師的漫畫功力深厚，對於時事見解有獨到之處，時而發人深省，時而讓人捧腹大笑，深刻的描繪人物的性格及環境的特徵，在一筆一劃間，讓閱畫者如身歷其境，過目難忘。

邱顯洵老師的《手繪台灣四百年史》，用畫筆記錄了台灣過往的點滴，也承載著先人胼手胝足的開創精神。在歷史的滾輪下，台灣人在過去四百年來，雖曾面臨外侮的入侵，也曾面對自我認同的矛盾，更不乏為了現實低頭，除了改變納稅的對象外，亦曾被迫向外來者繳出自己的靈魂。縱然如此，生長在台灣的子子孫孫卻也從未忘記，自己身上流的血液，是充滿冒險犯難之海洋精神，以及身為島國子民的百年歷史傳承，藉由歷史的記憶以及先民的傳說，無時無刻提醒自己才是這塊土地的主人。

這本書就是見證台灣人身為這塊土地主人的最好寫照，也是傳承台灣精神給下一代的最好教材，《手繪台灣人四百年史》是一本認識台灣歷史必讀的好書。

（本文作者為台北市長）

推薦序

邱顯洵的台灣史話

姚嘉文

台灣人民對自己台灣的歷史，缺少應有的了解，現在有許多人在用各種形式各種方式，重新以台灣人的觀點，敘述及解讀台灣歷史。有的人寫文章，有的人寫小說，有的人編戲劇，有的人拍電影，有的人編舞台劇，有的人畫漫畫，大家的目標無非要重新詮釋「台灣人自己的台灣史」——我們的台灣史。

邱顯洵的這本漫畫台灣史，不但有漫畫，更有文字說明。邱顯洵留學國外，熟悉西洋學者開放的客觀的治學態度，在敘述台灣歷史時，不拘泥於台灣島民狹窄的觀點，他引用了很多國外史料，從 15 世紀大航行時代，台灣在世界史的地位說起，一直到二次大戰戰後中國政府奉命入台受降接管，發生二二八事件為止，這樣讀者更能了解台灣之命運與世界局勢的發展息息相關。

台灣二二八事件以後的史實，這本書沒有繼續畫繼續寫，邱顯洵應該有另畫另寫的計畫吧！

台灣歷史，以台灣人的觀點來看，應該分為幾個段落來看：

（一）1683 年大清政府併吞台灣前後

這時段是歐陸各海洋國家勢力，開始漫入東亞的時期。台灣逐漸進入世界史，

這中間華人勢力首次在此海島建立短期的獨立王國（鄭氏的東寧王國）。後被陸權大清帝國併吞，台灣從此進入政治黑暗時期。

（二）1894 年在朝鮮半島發生日清戰爭以後

海權新強國日本帝國，戰勝腐敗落伍的大清帝國，《馬關條約》簽訂，日本奪取台灣，經明治維新走向現代化的日本，引進現代化的思想與建設進入台灣，台灣社會逐漸走向現代化。台灣人民先透過武裝抵抗排斥新外來政權，後採用文化和平手段，爭取民權及自由。

（三）1945 年，二次大戰結束後

台灣脫離海權國家日本，1951 年舊金山對日和平條約簽訂，台灣獲得獨立主權，雖前短期被陸權國家南京政府管理統治，但很快兩岸分治，蔣氏政府的高壓獨裁統治，慢慢被台灣的民主運動淹沒。台灣人在飽受中國北京政府的併吞威脅下，正努力擺脫幾百年來外來政權統治的噩夢，使台灣成為自主的獨立國家。

邱顯洵的這本漫畫台灣史，解說了（一）（二）的台灣史，盼望不久再出新書，解說（三）這段複雜的台灣歷史。

看到邱顯洵的努力非常佩服，看到邱顯洵這書的出版非常高興。

2017 年 2 月

（本文作者為前考試院院長、總統府資政）

推薦序

知道我們是誰，世界才會認識我們

鄭麗君

常有人問我：台灣文化是什麼？我們該如何介紹台灣文化？我知道會有如此提問，並非因為我們對自己的文化全然陌生，而是源自於許多台灣人心中都有一個熱切盼望的聲音，希望在台灣這塊土地上建立屬於自己的文化，形塑我們的文化認同，並在世界中綻放自我面貌，創造台灣之於世界的價值。

台灣歷經長期的威權統治，尤其過往封閉及一元價值的教育體制，造成我們長期對生養我們的土地是陌生的，跟自己的過去是疏遠的，對土地與人民的歷史記憶是斷裂的，我們其實不夠理解我們自己，而世界又如何會認識我們。所幸，台灣過去每個時代，都有前輩先賢，在這塊土地上努力追尋自己文化的根，重新創造自己的文化，造就一波波的文化運動，帶動一次次的文化自覺，試著重新釐清我們文化的主體性。

本書作者邱顯洵先生於法國留學期間，受到史明先生《台灣人四百年史》的啟發，重新思考台灣的歷史是誰的歷史？以及台灣文化主體性何在？進而以該書為基礎以及自身繪畫專長，泅泳於台灣歷史長河中，將每個時代的關鍵時刻，以單幅主題式手繪作品呈現，完成了《手繪台灣人四百年史》的創作，邱顯洵先生以此書，加入了歷代台灣先賢先進追尋台灣文化主體性的行列。我們應該相信，在歷史的發展進程裡，我們都不可能只是旁觀者，我們的選擇必定影響歷史的發展與走向。期待這本著作的出版，能讓更多讀者一起追

尋，一起思考，我們是誰？我們要怎麼看自己？什麼是台灣特有的文化？惟有人民主動參與歷史的重建與思辨，文化的主體性才能真正回歸到人民、回歸到土地，也惟有我們知道我們是誰，世界才會認識我們。

（本文作者為中華民國文化部部長）

導言

藝術的另異社會跨越

陳愷璜

台灣史觀建構：回應當代民族主義的必然

「在當代台灣的歷史上，1980、1990 年代，是台灣政治與文化本土化、台灣化的關鍵時期。就文化的轉變而言。這個階段是台灣民族主義在文化界傳播發展的高峰。追求台灣文化的主體性、建立具有主體性的台灣文化理念：台灣文化民族主義。最顯著、最值得關注的是文學、語言與歷史三個領域」（台灣中央研究院蕭阿勤教授語）。此即台灣民族主義的「文化政治」的主要部分。

這正是史明（施朝暉）先生高瞻遠矚的早於 1960-70 年代，便以歷史的主體性思想變革作為革命建國志業的大纛，著書《台灣人四百年史》的重要立論之一，以台灣民族主義之根本作為左派唯物批判立場的另一平行思想參照，並且以此作為他在思辨之外身體力行打倒外來國族政權的革命性思想根據。作為一位具有歷史宏觀的革命性人物而言，數十年間他的相關著作無數，卻也因為他對於傳統馬克思主義的深刻修為與體認，一般人並不容易從他的相關政治思想著作，了解民族主義理論攸關台灣史觀的細節生成，更不易從他的輾轉台灣、日本、中國、台灣的實際帝國殖民地文化傳承中的對抗、投身理想中國共產主義革命、祖國（台灣）建國革命等時空迴圈歷程中，看出何以他的生命歷程與台灣的史觀之間的綿密呼應關係。其不僅是亞洲地理上的

移動，更是實際思想與身體實踐之間的雙向辯證，這使得《台灣人四百年史》儘管重要卻無法快速於社會大眾之間擴散、推廣，僅止於一定程度的社會運動家菁英、知識分子們所可能主動接觸，誠屬可惜。於今經由創作二十餘年的政治批判漫畫家邱顯洵以當代手繪的批判性畫筆重新與史明先生的《台灣人四百年史》力作跨代對話，給予當代跨世代關注台灣歷史的人，開啟了這個時代大眾普遍有效的閱聽方式與歷史對話可能！

其實，在史明先生完成《台灣人四百年史》之後數年，也曾試圖以更容易推廣的知識思想改造方式，自己繪製出版過一小冊的《台灣人四百年史》漫畫版，惟表現方式依然充盈著歷史哲思式的政治概念而並不太容易閱讀。儘管他自己並不自知，該漫畫版的圖版表現也異常的具有藝術性，而失去原來規劃符合社會大眾閱讀的目的，因此印量並不大也沒有能再版！正在此頻臨絕版之際，顯洵先生以兩年半的冗長時間重新閱讀再加上史明先生的口述田野查考而繪製版面構想，以歷史分期繪製、更與史明先生經過無數次的人、事、物細節討論修正。於今才得以在史明先生百歲壽誕之年完成此跨時代力作，令人既亢奮更令人期待此書可能生成的文化作用與社會影響，特別是文化主體中台灣史觀的社會廣披之效，則更是令人引頸期盼。

呼應時代文化生產邏輯的轉換

以藝術手繪（類型漫畫）的完整方式重新詮釋史明先生的《台灣人四百年史》自然是台灣史書自出版接近半個世紀以來的創舉，也是當今文化生產與再生產的社會系統環節中非常重要與積極的層次、面向與意義。我們都已經深刻地覺察到當今世界知性界面的不停歇激烈改變，也已經徹底意識到新世代人

們掌握過往時代的文化、歷史內容。因此，如何以當代的方式重新連結起不同時代與世代的重大歷史傳承，正需要如此快意又饒有歷史興味效果的文化轉換。顯洵先生目前於國內幾所主要大學的藝術相關科系教授，挾其二十餘年流暢的手繪藝術專業，除了以富含藝術氛圍的造型與書寫形式，更配合不同的版面規劃給予必要的配色與圖面演繹，藉此細膩的重構了史明先生嘔心瀝血的台灣歷史巨著，表現畫面中儘管只是盡量貼近史明先生原著的歷史概要，卻不乏諸多必要的內容細節，藉以實收歷史振聾發聵之效！這真是一件令人心怡、景仰又稱羨之事，也是對台灣文化圈藝術家的社會責任之最佳體現、示範，相對於正在快速變動改造中的社會而言，歷史或許儘管可能乍看靜態，卻是影響根深蒂固！因此也是當下最為要緊、迫在燃眉且深具創造性的工作。

藝術表現上的另異對話

我與顯洵已經是相識超過三十五年的老同學、朋友了！我們從國立台灣藝專先後到法國巴黎留學，從異鄉的咖啡店迴旋到故鄉台灣的大小街頭運動現場，他循步從美術領域擴散到社會政治批判性漫畫，我則從視覺藝術逐步轉換到跨領域藝術社會實踐。此期間我們多所呼應也多所連結，在許多不同類型的社會事件與運動中，我們總也相互提攜、互通有無，說是充滿「另異層次的社運同志」，其實也是恰如其分的共同人生歷程寫照！而這樣的緣分，真正人生難得！於今，他出版了如此重要的文化歷史著作，也得到史明先生的完整授權與肯認，我以摯友的身分來書寫這個簡短的導言，實倍感榮幸與珍貴，希望這部書得以讓台灣社會新的世代生成不一樣的歷史認同，具差異褶皺的歷史理解是極為必要且重要的，在不同時代靈光的晃動中，歷史的動

能才能有足夠的思辨與批判力量持續的對歷史進行再閱讀與思考，那些行將為歷史所拋棄的事物，才終究能告別歷史！這務必是每個不同時代的人的文化任務，而我們都榮幸地躬逢其盛，謹以此為誌。

2017 年 2 月 1 日

（本文作者為台北藝術大學藝術跨域研究所教授）

自序

史明老師（施朝暉）的《台灣人四百年史》，是我年輕時候在巴黎才有
機會閱讀到的禁書，1990 年的 8 月夏末，我剛剛抵達巴黎，短暫的興奮
狂喜後，馬上陷入一種語言與文字完全被隔絕的困境中，我亦師亦友的
同學從他的書堆中搬出一疊中文書借我，有彭明敏的《自由的滋味》，
有唐人的《金陵春夢》，其中，《台灣人四百年史》最令我萬分驚訝，
在博大精深的中華文化五千年中怎麼可能有分割出去的台灣歷史呢？
四百年是誰的四百年？怎麼算是台灣人的歷史？一連串的問號困惑了深受黨
國教育薰陶的我，我到底是誰？我的國家是什麼？一翻開書的瞬間，我由黃
河壯闊的滾滾泥流所捲起的霧氣中，看到了無數堂堂正正的中國人的軀殼載
浮載沉，以復興中華文化為己任的我也成水流屍了，我已經如浮士德一般
輕盈的以靈魂飛翔，從此我的藝術創作，甚至我的人生有了全新的開始，
二十六年來，從打開《台灣人四百年史》那一刻起，我沒有一天停止思考這
個問題，我要如何描繪台灣的形狀？如何潑灑出台灣的顏色？

2016 年 3 月 6 日

第一章

讀台灣史之前，你該知道的事

史明的第一筆

TROPICO CAMC

17世紀西洋人地圖上的
"Lequeño-Pequeño"
（小琉求）
荷蘭海牙市立檔案館收
藏

史明老師為自己的《台灣人四百年史》畫下第一張漫畫，他在想什麼？

橫的 FORMOSA

1724 年出現在西方人地圖上的 FORMOSA 就是水平而橫著出場的。

歷史迷霧中的台灣

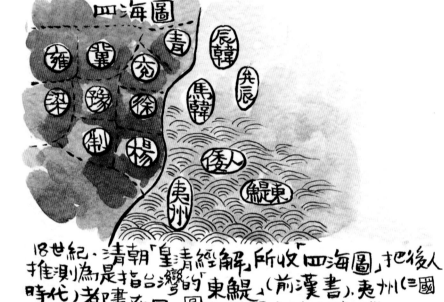

18世紀,清朝「皇清經解」所收「四海圖」把後人推測為是指台灣的「東鯷」(前漢書),夷州(三國時代)都畫在同一圖上,可見古代大陸人對於台灣的認識非常模糊不清

在中國毫無嚴謹史觀的官方歷史中出現的自古屬地——台灣,根本無法令人信服。

元朝？亡國漢人的自嗨

就世界歷史觀點來看，其實根本沒有元朝這個朝代，1279 至 1368 年以漢族為構成主體的宋朝被大蒙古帝國征服殖民了八十九年，且在蒙古種姓制度下淪為賤民。中國人特有的阿Q式精神勝利法，把這段被殖民的不堪歷史拿來沾光吹捧，自誇元朝是中國史上最強大的輝煌盛世，真是毫無恥感的人種。

從東蕃、大員到大灣

從東蕃、大員到大灣，島嶼在每個時代都有不同的稱謂，敗逃來台灣的殖民者後代憑什麼限制這塊土地真正的主人對自己國家的想像。

台灣是個神奇的國家

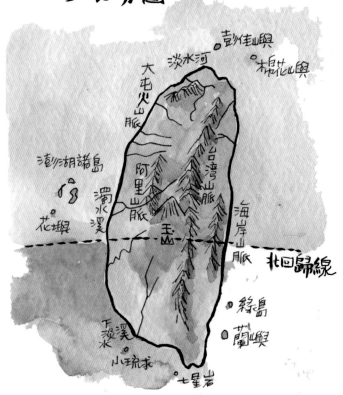

因為北回歸線經過的地方，大部分為海洋，而經過陸地的十六個國家中（中國、緬甸、孟加拉、印度、阿曼、阿拉伯聯合大公國、沙烏地阿拉伯、台灣、埃及、利比亞、阿爾及利亞、馬利、茅利塔尼亞、西撒哈拉、巴哈馬、墨西哥），北回歸線兩側多為寬廣的荒漠草原地帶，大都屬於乾燥的沙漠氣候，雨量少，荒涼、貧瘠、杳無人煙。只有台灣和中國，處於歐亞大陸位置，太平洋和印度洋夏季季風帶來濕潤氣團，雨量豐富，氣候溫暖，山脈縱橫，河流交錯，植被常綠，一片蔥蘢。台灣更是得天獨厚，最高峰的玉山是北回歸線經過的最高海拔地方，這種垂直狀態的立體氣候，具有獨特珍貴的生態系統和豐沛的自然景觀。

中華民族？

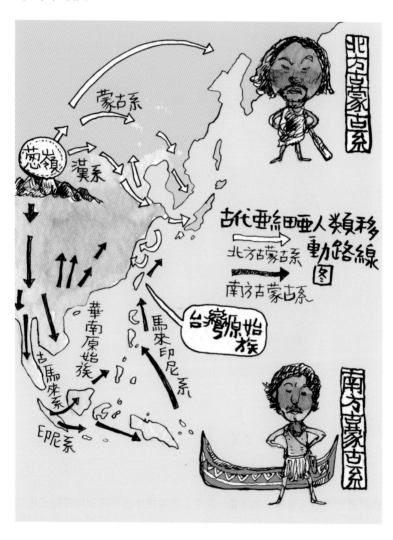

「中華民族」是中國一種政治意識型態及想像出來的國族概念，最早於 1902 年由梁啟超提出，希望以此激發民族主義，將中國塑造為現代的民族國家。這是個人造的民族，像再製組合肉品一樣的加工食品。

中之國也

中國一詞，最早見於西周，是指以洛陽盆地為中心的中原地區，與四夷相對。現今多指中華人民共和國。

「中國」一詞的字面意思是「中央之國」，最早出現在公元前 11 世紀西周早期成王時代的青銅器何尊銘文中，在當時的中國人心目中，其統治的中國「居天地之中」；而中國以外的蠻、夷、戎、狄等地區「居天地之偏」，為其臣屬之地，稱為四夷，所謂天子有道，守在四夷。到春秋戰國時期，各諸侯國則自稱其都城為「中國」。漢朝時則將其統治的中原地區稱為「中國」。漢朝以來「中國」一詞逐漸演變成為正統朝代的標誌。

漢民族的奇特史觀

如果黃河流域是漢民族的起源地，那其他地方應該是異族的生存空間無誤了。但隨著漢民族的擴張遷徙，異族和同族竟然可以像衣服一樣，隨時修改裁縫。漢民族的文化實在太詭異了！

台灣人的血緣

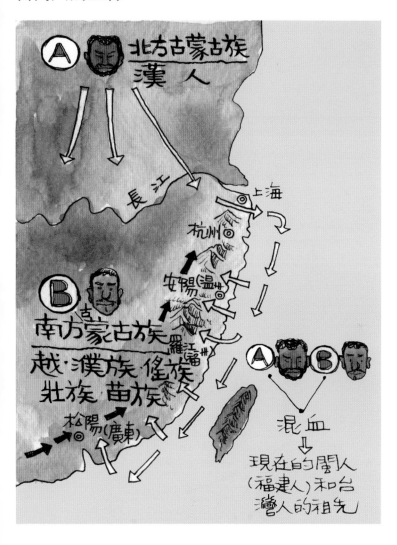

台灣人的血緣比例中，其實是南島民族數量遠遠的超過了漢族，只是我們的教育蒙蔽了這個真相。

台灣南島語

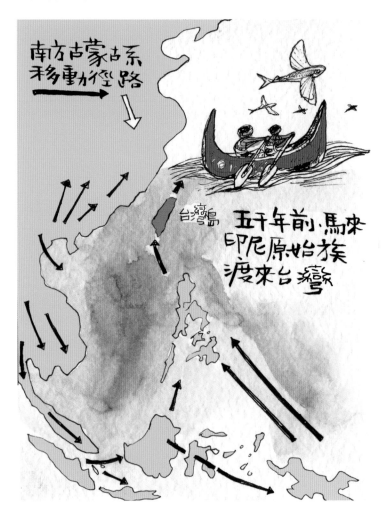

愈來愈多的南島語言學者承認台灣南島語的重要性。就目前的語言學研究而言，台灣至少是最古老的南島民族居住地之一，甚至極可能就是古南島民族的發源地。當我第一次聽到這個名詞——南島語系時，我已經三十歲了。但我忽然覺得一切如釋重負。

台灣原住民

台灣最早的住民絕對不是漢民族！

火耕

火耕是一種原始的耕作方法：燒去草木，就地種植作物。它是一種非常老的技術，人類使用這個技術來將森林改變為耕地已經有數千年的歷史了。

原始輪舞

唱歌跳舞仍然在台灣原住民的 DNA 中。

台灣歷史長遠超乎想像

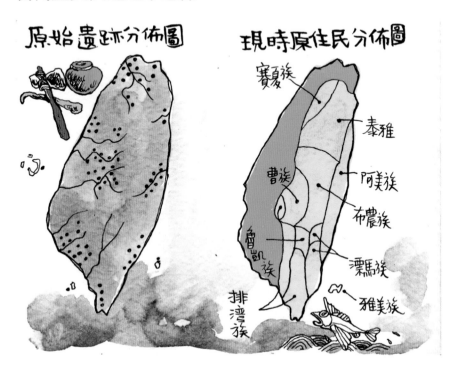

台灣島上豐富多樣的原始遺址一一出土，證明台灣歷史是自成體系。

平埔族群分布

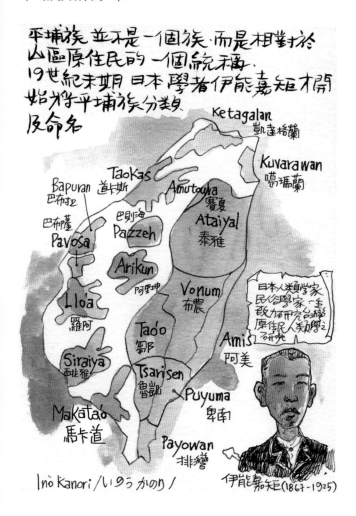

平埔族並不是一個族，而是相對於
山區原住民的一個統稱。
19世紀末期日本學者伊能嘉矩才開
始將平埔族分類
及命名

Ketagalan
凱達格蘭

Kuvarawan
噶瑪蘭

Taokas
道卡斯

Bapuran
巴布拉

Amutoura
賽夏

巴布薩
Pavosa

巴則海
Pazzeh

Ataiyal
泰雅

Arikun
阿里坤

Lloa
羅阿

Vonum
布農

日本人類學家、
民俗學家，一生
致力研究台灣
原住民、平埔族
之研究

Taoʻo
鄒

Amis
阿美

Siraiya
西拉雅

Tsarisen
魯凱

Puyuma
卑南

Makataʻo
馬卡道

Payowan
排灣

Ino Kanori /いのうかのり/

伊能嘉矩 (1867-1925)

平埔族群往昔在荷蘭、西班牙統治時稱為「土著」，大清帝國時期，則大都稱為化番、熟番。因化番、熟番多住在「平地草埔」，故又稱平埔仔、埔仔人、平埔番（閩南語：Pên-po-hoan；英語：Pepohoan），到了日本殖民時期，則於《台灣蕃人事情》一書中將台灣原住民分成高山族、平埔族，各地平埔族群也曾發起更名為「東寧族」的社會運動。至國民黨政權時期起，平埔族後代大都已喪失族群意識，且不被官方認定為原住民族。

澎湖外文為漁翁島

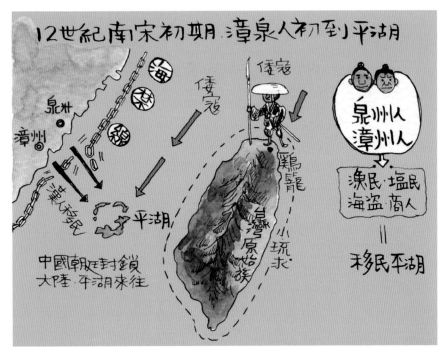

澎湖古名為平湖。

16世紀時葡萄牙殖民者來到東方，發現澎湖海域漁產豐富，島上住著許多漁民，因此稱呼澎湖為漁翁島（Pescadores）。

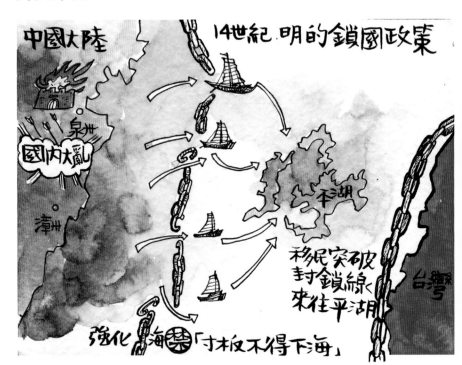

烽火中國

台灣一向是戰亂頻繁的中國大陸老百姓心目中的世外桃源。

漢人海賊王

明朝漢人縱橫七海，如果非漢人基因中怕水的部分突變，應該早成為大航海時代的海上霸權帝國。

小日本？

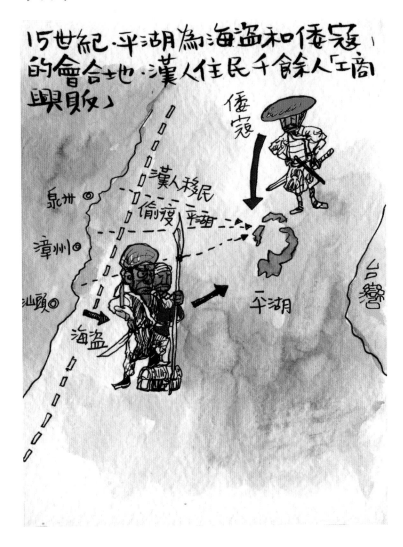

大中國主義信仰者最愛把「小日本」、「倭寇」等輕蔑日本人的稱呼掛在嘴上。但這群人現實生活卻又是種精神分裂的狀態，瘋日本卻又幹譙日本。

16世紀末，平湖的漢人海盜·登陸
台灣西岸·建立根據地

倭寇就是日本海盜嗎？

台灣教育部的課本是如此說的……倭寇就是日本海盜。但有趣的是，讀愈多歷史，開始在四處尋找佐證資料，就會發現，原來這些所謂的「倭寇」多數都不是日本人，而是中國人或朝鮮人，這幾乎是公開的秘密，就連維基百科上的「倭寇」條目上都有非常詳細的說明。

原來從明朝時期的中國官方、奉命清剿倭寇的軍人、知識分子到地方百姓，統統都知道這些「倭寇」十之八九都是中國人，只是全都佯裝不知。一直到今日的台灣歷史課本，也還繼續說著同樣的謊言。

漢人海盜

16世紀末、漢人漁民，由平湖馬也到台灣近海（布袋角海上）捕鰡魚，但仍不能登陸台灣

泉州

漳州

台灣海峽

平湖

布袋角

台灣

從澎湖要登陸台灣西海岸最短的距離應該是嘉義布袋。以今天的渡輪航行時間 70 分鐘來說，換算航速六十公里，距離是八十八‧五三公里。當年海賊的風帆船（均速 15 公里）應該是需要五個小時吧！

雲林縣北港鎮還有一個顏思齊紀念碑。

路過請向曾密謀推翻德川幕府未果的海賊王致敬！

原住民的登島戰

16世紀末 台灣原住民拒漢人
登陸台灣 並攻擊平湖

泉州

漳州

海禁線

平湖

當時忍無可忍的原住民終於渡過海峽，出手教訓這群一再侵擾台灣的漢人海賊。但我很想知道，當時的船隻大小、武器形式、戰爭規模……這些都是有志創作台灣歷史圖像的人最珍貴的寶庫。

傳奇人物：林鳳

1580年代末，漢人海盜林鳳控制台灣海峽，往來福建、平湖、台圓、呂宋

這個海賊王也太猛了，連西班牙人都怕他。

林鳳是台灣海峽上的海盜集團首領。大約自萬曆元年（1573）起林鳳勢力逐漸坐大，後來並打倒林道乾，併吞其部眾與船隻。其船隊經常騷擾福建及廣東海面，官兵乃協力會剿。

萬曆2年（1574），林鳳被明朝總兵胡守仁追擊，逃竄至澎湖，然後又到台灣的魍港（八掌溪口）。在官軍追擊下，林鳳揚帆南奔，改往菲律賓，林鳳率領部隊入侵西班牙統治下的菲律賓呂宋島，經過與西班牙人作戰，攻占馬尼拉，燒殺搶掠當地。後為明朝福建巡撫劉堯誨、廣東提督殷正茂與西班牙聯軍所敗，失敗後再逃到魍港，被胡守仁擊潰於淡水海上，後不知所終。

海盜的地盤

中國大陸

朝鮮

日本

台灣海峽

雞籠（倭寇基地）

17世紀初，漢人海盜
李旦、顏思齊稱霸
台灣海峽，往來福建
平湖、台灣、日本及南洋各地

台灣

至南洋

原來雞籠以前是海盜基地，不就像前幾年橫行亞丁灣的索馬利亞海盜一樣嗎？

絲綢之路

Silk Road (Als Seidenstraße) 絲綢之路，常簡稱為絲路。此詞最早來自於德意志帝國地理學家費迪南‧馮‧李希芬男爵於 1877 年出版的一套五卷本的地圖集。對台灣的影響雖然是間接而緩慢的，還是牽動了台灣的命運。

大航海時代

大航海時代的來臨，台灣也被迫捲入全球殖民主義的洋流中。

台灣的位置

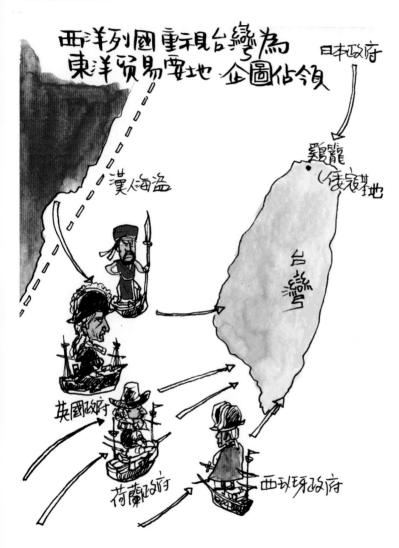

西洋列國重視台灣為東洋貿易要地，企圖佔領

日本政府

漢人海盜

雞籠

倭寇基地

台灣

英國政府

荷蘭政府

西班牙政府

一直到今天，台灣仍在這類強權國家的陰影中尋找自己的位置。

台灣民族主義

史明老師對我個人最大的啟發，是讓我了解「台灣民族主義」的由來與建構理論，讓我對台灣歷史有更深入的理解。

唐山與本地的自覺

本地社會與本地人(台灣、台灣人的源流)的產生，反對唐山、唐山人的殖民統治

根據史明老師的論述，台灣民族主義就從這裡開始。

第二章

荷蘭時期　1624-1662

大航海時代中的台灣

台灣從大航海時代就是世界舞台上的要角。

可恨的是被蔣幫這群亡命的中國匪徒，把台灣人的心靈禁錮在其想像的中國式殘弱偏安朝代裡半個多世紀，竟然還厚顏而高高在上教訓台灣人為什麼永遠在生氣？

大划船

「大划船」是對速度快、戰力強的西方大型船舶的稱謂。

世界上叫 Formosa 的不是只有台灣而已

大航海時代以來，以「福爾摩沙」命名的地方遍布五大洲。其中面積最大的為阿根廷北部的福爾摩沙省，面積七・二萬平方公里，首府福爾摩沙市。巴西、秘魯、美國、葡萄牙、阿根廷等地都有鄉鎮城市被稱為福爾摩沙。除台灣島外，以「福爾摩沙」為名的一些著名地方有：

葡萄牙：
福爾摩沙河（葡萄牙語：Rio Formosa）及福爾摩沙河國家公園。

巴西：
福爾摩沙山脈（葡萄牙語：Serra Formosa）、聖瑪利亞市（Santa Maria）的福爾摩沙海灘（葡萄牙語：Formosa Beach）、福爾摩沙湖（葡萄牙語：Lagoa Formosa）、福爾摩沙市（葡萄牙語：Formosa, Goiás）

阿根廷：
福爾摩沙省、福爾摩沙市

美國：
佛羅里達奧蘭多市的福爾摩沙湖（英語：Lake Formosa）

肯亞：
肯亞外海的福爾摩沙灣（英語：Formosa Bay），今名「翁瓦納灣」（斯瓦希里語：Ungwana Bay）

馬來西亞：
法摩沙堡（葡萄牙語：A Famosa，馬來語：Kota A Famosa）

VOC

1601年，荷蘭創立半官半海賊的「荷蘭東印度公司」
為侵佔東洋的大本營，並在東洛處設立商舘
Vereenigde Oostindische Compaghie

半官府半海盜的荷屬東印度公司竟然在全球各地雄霸天下。

荷蘭攻澳門

1622年荷蘭海將雷爾生（Reijersen）
先攻澳門後、進佔平湖

中國

澳門

平湖

1622 年 6 月 20 日，荷蘭艦隊雷爾生（Cornelis Reijersen）率領荷英聯合艦隊十二艘（Zierickzee, Groeningen, Oudt Delft, Enchuizen, de Gallias, Engelsche Beer, St. Nicholas, Paliacatta-Haan, Tiger, Victoria, Santa Cruz），兵員一千零二十四名抵澳門外海，想奪下澳門，想不到被葡萄牙守軍迎頭痛擊，潰不成軍。

佔領平湖

1603年荷蘭海將．韋麻郎
(Wybrandt Van Waerwijck)
率領軍隊佔領
平湖月

Wybrandt

1622 年 7 月 11 日，雷爾生大軍轉從紅木埕登陸，進入無人防守的澎湖島。七艘軍艦外加戰士九百人，以澎湖為根據地四出掠奪。在各離島上，荷人強俘了四千多名中國百姓作為奴工，另有戎克船三十艘、漁船六百餘艘。8 月起將強擄來的漢人奴工強迫在澎湖本島風櫃尾北邊建築紅木埕要塞（現在的馬公附近），周圍有一百二十丈，城的面積為一百八十平方公尺。不僅在澎湖本島同時也於金龜頭、崎裡、白沙、漁翁、八罩諸島興建類似城堡，要塞城堡大都為方形，每邊約五十六公尺，是標準的荷蘭式方形城堡。城堡四角另築有三個突出的稜堡，稜堡上設置大砲二十九門，以為長久據守之計。

紅木埕

澎湖地方志的「紅毛城」、「紅木埕」（媽祖宮東北二里，文澳西北二里），建於明朝天啟年間，荷蘭人撤往台灣之後，以此稱作「天啟明城」。

雷爾生

1624年.荷蘭海將雷爾生與明朝軍隊交戰
八個月後.明廷以不干涉.荷軍佔領台灣島為
條件.成立和約.荷軍才撤退平湖.轉向台灣

明廷為了提早結束與荷軍的戰局，擬定下面的兩個講和條件，出示於雷爾生，若是荷軍放棄澎湖並拆除城堡。

一· 明廷不干涉荷軍佔領台灣。

二· 默許荷蘭商船來華從事通商貿易。

荷蘭於 1624 年 8 月 26 日（天啟 4 年 7 月 13 日）轉移至「大員」（台灣島），攜同駐台灣第一任長官馬丁努斯·宋克（Martinus Sonck）從台江的鹿耳門（現時的安平港口，當時荷蘭人稱為 Walvis Been）登陸。

紅毛番登陸台灣

1624年荷蘭軍佔領台灣西南角（殖民統治38年）

被稱為紅毛番的荷蘭人，開始以征服者的身段，展開一段長達三十八年的掠奪壓迫台灣的殖民史。

台灣第一個有系統的殖民政權

台灣荷蘭統治時期為 1624 年至 1662 年，台灣的台南一帶受荷蘭東印度公司之殖民統治期間，其雖僅為地方政權，但影響力遍及整個台灣西部，也為第一個有系統統治台灣的殖民政權。

台灣長官群像

台灣荷蘭殖民時第1任台灣長官
Martinus Sonck or Maarten Sonck
(1590-1625)
1624年出任
台灣長官。
在大員建立熱
蘭遮城
(Zeelandia)

Governor of FORMOSA
馬丁那斯·宋克
(1590-1625)

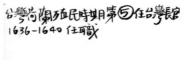

台灣荷蘭殖民時期第5任台灣長官
1636-1640 任職

約翰
·德·摩爾
格
(?-1640)

Johan
van der
Burg

台灣荷蘭殖民時代第9任台灣長官
Pieter Anthoniszoon Overwater
(1610-1682)
1646-1649
出任台灣長官。

認定
台灣東
部無利
用價值
且充滿
危險。

歐沃特瓦特

尼可拉斯·費爾堡格
(1620-1676)荷蘭殖民時期第10任
台灣長官.任職時間1649-1653.
任內發生郭懷一事件(1652).平息
後.決定在
赤崁新建
一座城堡
取名為
普羅民
遮城
(Provintia)

Nicolaas Verburgh
(1620-1676)

台灣長官（荷蘭語：Gouverneur van Formosa，亦譯成駐台長官、大員長官、福爾摩沙長官或台灣總督）是指台灣荷蘭統治時期，由荷蘭東印度公司所委任的駐台行政長官，負責台灣全島行政事務。從 1624 年至 1662 年荷蘭被延平王鄭成功打敗為止，共十二任。

西班牙人來了！

1642年·西班牙軍佔領台灣北角

滬尾

雞籠

安平

殖民統治17年

西班牙在北台灣留下許多以西文命名的地方。

荷西勢力圖

白色部分是真正的台灣國。

熱蘭遮城 / Zeelandia

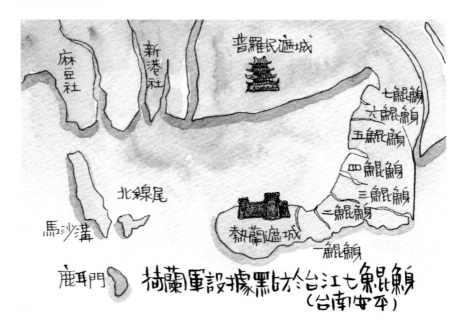

對照當今的地圖，很多地名都被保留下來，但真的是滄海桑田，人事盡成煙雲。

荷蘭建設「熱蘭遮城」

La ville et le Chateau de ZEELANDIA dan l'île de TAYOVAN

西方殖民者在台灣建立的殖民堡壘。

紅毛番來搶土地了！

荷蘭人強佔台灣原住民土地

殖民主義國家通常會控制並掠奪該地區的自然資源、人力、語言、宗教、文化和交易市場。殖民主義國家亦會強加自身的社會文化、宗教和語言於被征服的民族身上。

在台灣，不管先來後到，殖民者的本質都一樣。從二次戰後的民族自決主義風潮下，脫離殖民者的新興國家紛紛在半世紀的解殖運動上得到解放。全地球只剩下台灣還在殖民者的陰影下苟且偷生而不自覺，大多數人尚在追思緬懷殖民者就是鐵一般的證據。

漢人奴隸的命運

荷蘭使用「大划船」，從大陸運來漢人奴隸

這些從中國沿海任意捉來的漢人兩人一綁，強制勞動，等築完城後，再把這些漢人當作奴隸賣到巴達維亞。荷軍在輸送漢人奴隸的途中，全然不顧其生死。例如，從記錄中得知，從澎湖島上船共有二百七十名漢人，抵達巴達維亞者僅有一百三十七名，其他不是忍受不住虐待痛苦而死亡，就是因生病而活活被投入海中。顯見 17 世紀歐洲人道德觀完全以利益為依歸，人道只存在白種人之間。

紅毛番的奴隸

有套鍊子的奴隸還不算最悲慘的，身為奴隸還跟主人同一個鼻孔出氣，訓斥對主人質疑的其他奴隸。在台灣 689 族不是這個意思嗎？

貪婪的荷蘭殖民者

荷蘭東印度會社
荷蘭人酷使漢人農奴種甘蔗及製糖

這張畫是向法國印象派前期畫家奧諾雷・杜米埃的名作「高康大」致敬！

荷蘭式的統治

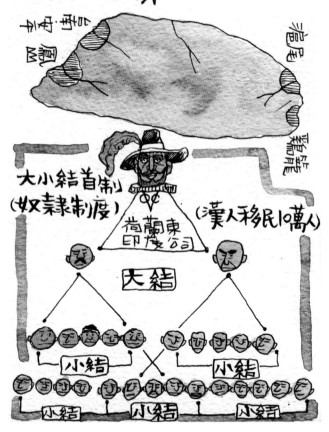

大小結首制度就是西方封建農奴的福爾摩沙版。

鹿之悲歌！台灣曾經是梅花鹿的天堂

荷蘭人酷使原住民及漢人
捕鹿‧取鹿皮‧

在荷治時期之前，就已經有鹿皮輸往大陸的記錄，而這些鹿皮會以原皮形式或加工再輸送到日本去。為什麼是日本呢？因日本人多用皮作為衣服、包裹及牆壁之飾，貴族、武士喜用虎皮、豹皮，平民只能用較廉價的鹿皮。

從荷治時期的 1624 年到雍正時 (1735)，短短一百多年，台灣約有數十萬甚至上百萬的梅花鹿被大量捕捉，再加上野生棲地破壞，最後甚至無法再維持外銷的規模。1974 年馬卡拉（Dale R. McCullough）的調查：野生的梅花鹿在 1969 年在台灣東部滅絕。也就是說經過荷蘭人、日本人、漢人、平埔族……等眾人努力，花了三百年終於讓一種生物滅絕了。

殖民者的掠奪

荷蘭人以「王田輸租」為名掠奪所生產的糖及鹿皮等

NICOLAS CHIOU 2013

殖民者的掠奪本質都一樣。可是四百年來,一個接著一個的外來政權卻越來越凶狠貪婪。

荷蘭人·以奴隸時代制「人頭稅」「十分之一稅」
專·來掠奪台灣殖民地

這張畫在下筆的當下，我想起了荷蘭的民間故事「賣牛奶的女孩」。我承認是有醜化荷蘭人的企圖，但也只是站在台灣人的本位，對前後侵入的殖民者態度都是一致的。

荷蘭東印度公司招募漢人

荷蘭統治時期，荷蘭東印度公司招募漢人來到台灣耕種，並且鼓勵漢人種蔗製糖，1638 年時來台的漢人已經有一萬到一萬一千人左右。1644 年 1 月 18 日，荷蘭東印度總督送交阿姆斯特丹總公司的報告指出，台灣所生產的糖約有九十萬斤（九千擔），至 1652 年，甘蔗種植面積達到稻田種植面積的三分之一。當時主要出口對象是日本，次要是波斯和中國。

濱田彌兵衛事件

1628 年春天，濱田彌兵衛率船來台，同行者共四百七十名，其中包含十六名台灣原住民。此時的荷蘭台灣長官為彼得·奴易茲（Pieter Nuyts），他在濱田抵台前獲密報日船載有士兵及大砲、刀槍等武器，因此在日船抵台之際派員登船安檢，果然搜出大量武器及火藥，因此荷蘭當局便將武器及火藥全數扣留，並軟禁濱田將近一週，十六名原住民則遭到下獄監禁。

之後濱田提出發還武器及火藥、釋放十六名原住民、提供船隻赴中國福建取貨、准其回日本等要求，但均為荷蘭當局拒絕。濱田因此採取武力行動，率領數十名日本人闖入彼得·奴易茲住處，綁架了彼得·奴易茲及其兒子。後經雙方協商，以彼得·奴易茲之子為人質，隨同濱田返抵日本。

麻豆抗暴事件

1629 年，第三任台灣長官彼得・奴易茲派遣六十二名荷蘭士兵深入麻豆社搜捕「漢人海盜」。由於麻豆原住民對荷蘭殖民者殺害他們同胞、要求獻地，並且強迫當地青少年服勞役早有不滿，但又不得不屈服於荷蘭殖民者的武力，因此原住民便假裝協助。

一日黃昏，六十二名荷蘭士兵結束搜索行動，歸途時經過麻豆溪，陪伴搜索的原住民便替士兵們拿槍，並背著他們幫助渡河，荷兵不疑有他，到了半途，所有的原住民忽然蹲下，將身上的荷兵推入河中，並順勢將他們強壓吃水，荷蘭士兵全數溺死。奴易茲聞此慘劇大為震怒，但因濱田彌兵衛事件纏身，因而耽擱下來。及至繼任者普特曼斯（Hans Putmans）於麻豆溪事件發生後六年的 1635 年展開報復，11 月 23 日，普特曼斯親率四千五百名荷蘭部隊及兩千名新港社原住民攻打麻豆社，在普特曼斯的命令下，荷蘭士兵見人就殺，第一天殺死麻豆社原住民戰士二百六十名。普特曼斯並下令燒毀所有住家，計有三千餘戶房子全燬；謂之麻豆社之役。及至 12 月 18 日，麻豆社終於向荷蘭人投降，並簽訂《麻豆協約》，表示他們願完全接受荷蘭政府統治。

台灣四大革命第一槍

郭懷一（？-1652），又名五官懷一，台灣荷蘭統治時期的開墾領袖，被擁為大員王。

1652 年 9 月 7 日，赤崁的農墾業主郭懷一密謀聚眾，8 日破曉攻打赤崁市街，燒毀荷蘭人房屋、殺害荷蘭人及其僕人，當地居民紛紛逃往公司馬廄據守。熱蘭遮城當局聞訊，立刻召集火槍兵渡台江內海反擊，起事群眾不敵退敗。9 日，當局號召西拉雅族數個社的兵勇，懸賞掃蕩起事群眾。12 日雙方在歐汪（今高雄市岡山區後紅里）會戰，持續圍剿漢人。郭懷一在逃亡時被箭射死，餘眾再往南逃，在麻里麻崙社附近（今高屏溪右側）被調度來的原住民俘虜。直到 19 日，剩下的起事首領全部被捉，整場事件才告結束。起事首領皆被嚴厲拷問並處以死刑。整起事件約有三、四千名漢人喪生。

荷蘭宣教士

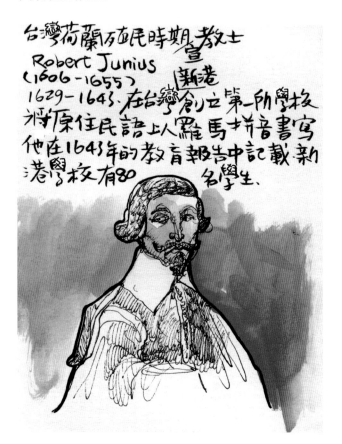

台灣荷蘭反殖民時期 宣教士
Robert Junius
(1606-1655)
1629-1643. 在台灣創立第一所學校
將原住民語上人羅馬拼音書寫
他在1643年的教育報告中記載新
港學校有80 名學生。

台灣史上第一位宣教士荷蘭人喬治・甘治士（George Candidius）牧師到台灣。
天啟 7 年（1627），基督教傳教士始來台傳教，喬治・甘治士牧師首先抵台，在
今台南新市開始宣教。其後至荷蘭人退出台灣之時，教堂勢力逐漸擴張，北及員
林，南迄恆春。

最後一任荷蘭長官

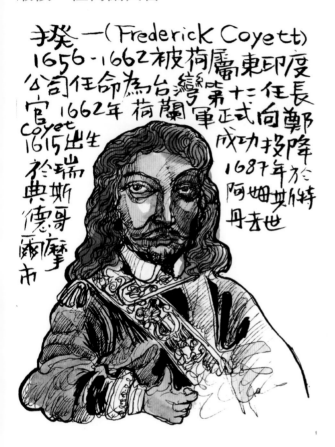

撲一（Frederick Coyett）
1656-1662被荷屬東印度
公司任命為台灣第十二任長
官 1662年荷蘭軍正式向鄭
Coyet
1615出生　　　　成功投降
於瑞　　　　1687年於
典斯　　阿姆斯特
德哥　　丹去世
爾摩
市

撲一（Frederick Coyett），出生於瑞典斯德哥爾摩。任職荷蘭東印度公司，經歷各種職階，1645 年在巴達維亞升任為高級商務專員，1647 年被任命為日本出島商館館長，曾於尼可拉斯‧貴爾勃格（Nicolas Verburg）擔任台灣長官時，批評費爾勃格的郭懷一反荷事件鎮壓政策。

1656 年 6 月升為台灣長官，五個月後台灣島遭颱風侵襲，損失慘重。1662 年於鄭成功攻台之役為明鄭王朝鄭成功軍隊包圍而締和。撲一帶著一千多名荷蘭人與其眷屬離開台灣，陸續回到巴達維亞（今雅加達），撲一立即受到軍事審判，以失去公司重要財產之罪，被判終身流放到班達群島以西的艾一島（Pulau Ai），直到十二年後（1674）撲一的子女、朋友向威廉三世陳情，並以兩萬五千荷蘭盾贖出撲一，在威廉特赦下回到荷蘭。

第三章

東寧王國　1662-1683

真正的海賊王

鄭芝龍　Nicolas. Iquan
(1604~1661)
福建南安人，天主教名尼古拉
十七世紀世界海權時代，以民
間之力建立水師，周旋於東西
洋勢力之
間、並在
台灣海
峽抗
擊及成功
擊退西方
海上勢力
的第一
人

鄭芝龍早年投靠澳門經商的舅父黃程，於當地習得葡萄牙語並受洗，教名
Nicolas。他到過馬尼拉，而後去日本平戶島，成為當時最有勢力的海商李旦的部下。
1624 年初，鄭芝龍因李旦推薦，前往澎湖擔任荷蘭人的翻譯及通事，同年初秋荷
蘭人撤退至台灣南部。由於明朝和荷蘭的爭執，影響到李旦當時的中日台間的商業
利益，因此李旦派鄭芝龍居中幹旋，亦是李旦介入明朝和荷蘭的手段之一。從此時
開始，鄭芝龍將事業重心自日本遷到台灣。

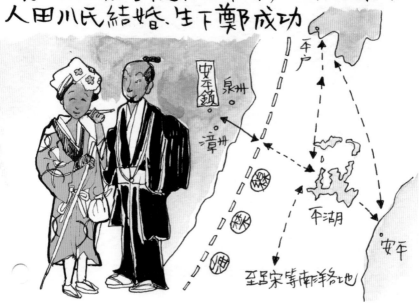

漢人海盜鄭芝龍在日本平戶，和日本女人田川氏結婚，生下鄭成功

荷蘭人給予這個「來自日本」的通事優厚的待遇，但一開始並沒有用鄭芝龍，後來荷蘭人利用鄭芝龍來執行在台灣海峽截擊往馬尼拉與西班牙人（當時荷蘭人的主要競爭對手）通商的中式帆船的海盜任務。根據荷蘭長官傑拉德·韋特（Gerard F. de With）信件中，記錄了派「通事一官」（鄭芝龍小名）率領約二十至三十艘中式帆船去進行「截擊與俘獲」的業務。

1624 年 7 月 14 日鄭芝龍妻子於平戶島千里濱產下兒子鄭成功。

國姓爺

鄭成功　Koxinga
（1624-1662）原名鄭森，字明儼
大木，幼名福松　為南明政權將領

隆武帝賜姓為朱

史稱國姓爺

東寧王朝的奠基者
後世多尊稱為
延平郡王
開台尊王
開台聖王

鄭成功本名森，字大木，與父親鄭芝龍曾在福建擁立唐王。唐王十分器重鄭成功，賜國姓朱，又賜名成功，封忠孝伯，賜尚方寶劍便宜行事，掛招討大將軍印。從此大家尊稱為「國姓爺」。桂王又封鄭成功為延平郡王。

人造英雄

因應歷史的需求，適合各朝代的各自表述。

他是反清復明的孤臣孽子，又是驅逐荷蘭殖民者收復台灣的民族英雄，對荷蘭殖民者他是個較強盛的海盜集團首領，對台灣的原住民又是暴虐凶殘的漢人殖民者，對清廷又是負嵎頑抗於海角的心頭之患，對之後的舊屬施琅又是個不共戴天的殺父仇人。日本人利用他的一半日本血統合理其治台正當性，國民黨統治集團利用他證明建設反攻基地的歷史必然，共產黨中國又利用他力抗西洋帝國主義，而保留了炎黃童話的民族血脈的偉大情操，當下古都台南又利用他創造無數的觀光產值。

他真是個台灣歷史上最複雜而令人困惑的角色了，他才活到三十九歲，卻是在世界上難以找到可以與之相提並論的全方位的「人造英雄」。

荷蘭東印度公司的求和

鄭成功攻佔台灣繼承荷蘭殖民統治

當年佔領台灣的荷蘭人，其實不是國家代表，而是荷蘭東印度公司派駐台灣地區最高行政首長，並非「荷蘭台灣總督」。首長揆一更非荷蘭人，而是一位瑞典人。當年荷軍是以寡敵眾，鄭成功率領二萬五千人大軍圍攻。打了七個月仍久攻不下，戰況激烈而膠著。荷蘭人陣亡一千多人，最後因得不到援軍而投降時，只剩二千多人，荷蘭長官揆一提出的和約第一條是「從此雙方忘卻戰爭期間的仇恨……」的話語，獲得鄭成功的回應，讓荷蘭人以寬大條件且有尊嚴的撤離。台灣後代官方反而以鄭成功趕走荷蘭人而自我陶醉，這與史實不符。台南赤崁樓曾以荷蘭跪降國姓爺來樹立雕像，後因荷蘭代表處抗議，才讓荷蘭代表站起來向國姓爺鞠躬。這是種漢族阿Q做法，實不足取。

鄭氏武裝集團

鄭氏三代，據台23年，奪取荷蘭開拓的田地為已有，又曰「王田」

鄭氏武裝集團果然又讓島上的住民失望了！誤判脫離了異族荷蘭人的統治，以為血濃於水的國姓爺是來解放大家脫離苦海，沒想到馬上陷入手法更細膩與心態更殘暴的掠奪。這場轉換統治者的喜劇緊連的悲戲，就在這塊土地不斷上演。

海禁線

福建的破產農民，繼續穿過
「海禁線」，橫渡台灣海峽，移
民台灣（漢人人口增為20萬人）

對長年處於頻繁天災及戰亂的中國農民而言，台灣是個充滿想像的世外桃源。前仆
後繼的開拓者冒死渡海，補充了殖民者源源不絕的開墾勞動力。

國姓爺的殖民政策

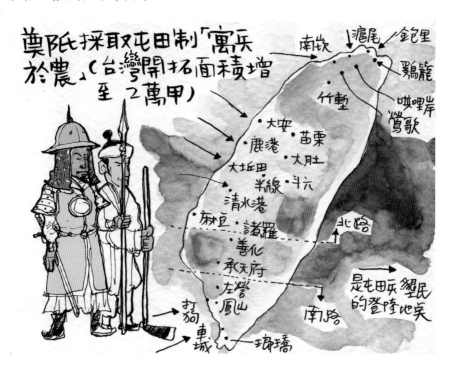

鄭氏採取屯田制「寓兵於農」(台灣開拓面積增至2萬甲)

南崁

↓滬尾　釟里

雞籠

竹塹

哦哩岸

鶯歌

大安　苗栗

鹿港　大肚

大坵田　半線　斗六

清水港

麻豆　諸羅

善化

承天府

左營

鳳山

打狗

車城　琉璃

北路

南路

是屯田兵墾民的登陸地兵

國姓爺的殖民政策果然遠勝於白種人。同文同種的同胞果然能達成全面剝削，完全統治。

國姓爺殺施家

國姓爺的性格在史書上多有描繪。

《清史稿‧鄭成功傳》說他：「凡事獨行獨斷，不與人商量」、「用法嚴峻，果於誅殺」、「雖在親族有罪，不少貸，凡有犯奸者必死之。」因為執法太嚴厲，導致部下多有反叛降清事件發生，使得廈門得而復失，後來名將施琅也被逼降清，終致台灣被清廷佔領。

鄭經

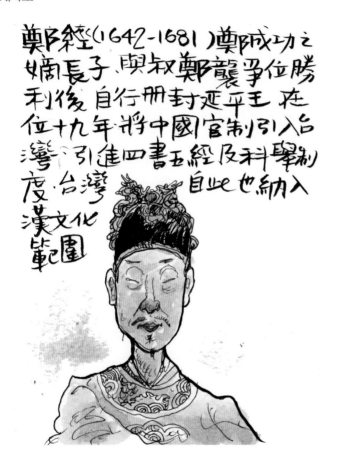

鄭經（1642-1681）鄭成功之嫡長子、與叔鄭襲爭位勝利後自行冊封延平王 在位十九年將中國官制引入台灣、引進四書五經及科舉制度、台灣自此也納入漢文化範圍

鄭經，他是個常常被史書嘲諷的對象，被認為是個昏庸而亡國的政二代，但歷史對他並不是那麼公平。他才做了一件錯事，年輕的時候與四弟的奶媽私通生子，卻差點被國姓爺處死，但綜觀其一生，倒也繼承東寧王國，將台灣治理得有模有樣，利用國際局勢而遠攻近伐，成為大清帝國近二十年難以安枕的芒刺之國。可惜他常被世人拿來跟國姓爺做比較而無法被正面評價。鄭經，應該可以算是個當時的悲劇英雄。

陳永華

陳永華（1634－1680），福建同安人。輔佐鄭成功及鄭經父子達十九年。有系統開發台灣藍圖，才廣大屯田製鹽，甄瓦技術改良，政策，興建孔廟，獎勵文風，被後世稱為鄭氏王朝諸葛

金庸《鹿鼎記》中描述：「為人不識陳近南（陳永華），便稱英雄也枉然！」讓看過小說的人對陳永華有諸多揣想。陳永華在台灣近代開發史上地位非常重要，陳永華不僅是軍事家、政治家，更是行政專家。輔佐鄭氏父子十九年，被後世稱為鄭氏王朝的諸葛亮！他死後才三年，鄭氏王朝也隨之覆亡。

反攻大陸

鄭氏繼承荷蘭殖民剝體制)(尤其土地制度)剝削漢人移民開拓者，供給大陸戰爭物資

鄭經還真的做到反攻大陸。比起鄭經，蔣氏王朝的倉皇敗逃到台灣，卻又自我吹噓半世紀，真是弱爆了！鄭氏王朝除了擁有台灣外，也於 1673 至 1680 年間，以軍力攻佔擁有閩南部分領土。

1673 年，三藩之亂爆發，繼承鄭成功於台灣建立政府體制的延平王鄭經，接受靖南王耿精忠請援，率軍由台灣西渡福建。鄭經調遣兵萬人、船百餘艘先行至廈門，耿軍派人往接。開始時，鄭經軍容不似鄭成功時代之壯盛，耿精忠一開始甚為輕視。但鄭經以廈門為根據地，陸續攻下漳州、泉州與潮州三府，進而攻下閩粵交接的重要據點惠州。鄭經於攻下多座城市後、商請耿精忠如約撥船及地方安插兵士。耿精忠不答，雙方開始交惡。

1680 年代始，廣東平南王尚之信、福建靖南王耿精忠相繼為清軍所平定，雲南平西王吳三桂亦死亡，明鄭勢力敗退僅能守住廈門。1680 年，清將萬正色遣人遊說鄭軍水師副總督朱天貴（原為耿精忠部將）率艦三百艘，將士二萬餘人降清，鄭經放棄廈門並率殘餘兵力回台，至此，明鄭在閩南的勢力再度消失。

東寧政變

1681年鄭經死後 長子鄭克𡒉 繼位、然叔:鄭聰
鄭明聯合馮錫範 以克𡒉為私生子不能傳位
說服董太妃癈掉克𡒉 不從 令人絞殺之、妻
三日後自殺 扶植年僅十二歲之鄭克塽即位、一

1681 年鄭經死後，繼位的是長子鄭克𡒉，為人英明果斷，頗有祖父鄭成功之風。對於叔叔們的貪污霸道經常加以阻止，引起叔叔們的不滿。鄭經猝死，馮錫範聯合鄭經的兄弟出來反對，硬是說鄭克𡒉（陳永華女婿）非長子而是私生子，應由年僅十二歲的鄭克塽（馮錫範的女婿）即位。並由鄭聰、鄭明等叔叔們向董太夫人造謠，說鄭克𡒉的不是，所以董太夫人下令召見鄭克𡒉。鄭克𡒉不疑有他，在進入董太夫人府內尚未見到其祖母時，即被馮錫範等人絞殺，最後改立鄭克塽即位。鄭克𡒉遇害三天後，其夫人陳氏身懷六甲也自殺，董太夫人亦自責而鬱卒亦亡。

鄭克塽

台灣的鄭克塽(鄭成功之孫)，毫無戰意遂呈降表於澎湖的施琅

歷史評價對鄭克塽似乎很不爽，不過投降後被押至北京軟禁，後半生想必也不會太爽！

施琅，攻台代言人

施琅 Si Lâng
(1621－1696)
明末清初軍事家、東寧王朝
降清將領 封三事靖海侯

施琅是個出賣台灣人而享盡榮華富貴的範本，無數賣台後進者前仆後繼追求的楷模。

1683 年 6 月施琅奉命率領二萬多名清兵，三百餘艘戰船，攻進澎湖，東寧王國將領戰死四十一名，一百五十五名投降，戰艦一百多艘沉沒，士兵四千八百人投降，7 月 19 日施琅派人到東寧出示軍民薙髮令及各項投降清單，8 月 13 施琅率軍進入台灣，18 日鄭克塽率領已經剃髮的東寧王國文武百官投降。

因征台有功，施琅被清廷封為「靖海侯」，並准許在澎湖大山嶼媽宮城內及台南城內樣仔林街建生祠，稱為「施將軍祠」，並賜以在台灣廣大的勳業地稱為「施侯租田園」、「施侯大租」的收納統歸清朝在台衙門代行，並保送至北京而轉交施琅世襲業主。台南縣的將軍鄉即因施琅將軍而得名。1696 年 3 月施琅因病而亡。

澎湖海戰

北京清廷令福建水師都督施琅征討
台灣鄭氏王族施琅率領戰船200
1683年6月先攻佔澎湖

依據《天妃顯聖錄》記載：施琅進攻澎湖時，抵達八罩島，島上缺乏淡水。清軍挖開退潮後的沙地，發現有淡水可供飲用。媽祖還告訴清軍「21日必得澎湖，7月可得台灣」。和鄭軍決戰的日期，清軍將士還看到媽祖現身。施琅認為是媽祖庇佑清軍戰勝，因此於康熙23年（1684），康熙帝加封媽祖為護國庇民妙靈昭應仁慈天后。

1683年8月・施琅率兵登陸鹿耳（安平），不戰而佔取台灣

澎湖

第四章

大清帝國　1683-1895

台灣的第一次被併吞

清廷本以台灣為「孤懸海外」,不
值編入於中國版圖,欲棄之.因
功臣施琅並極力主張台灣為中
國重要之屏藩,清廷才在翌年四
月.有史以來第一次勉強把台灣
澎湖收歸為中國領土.

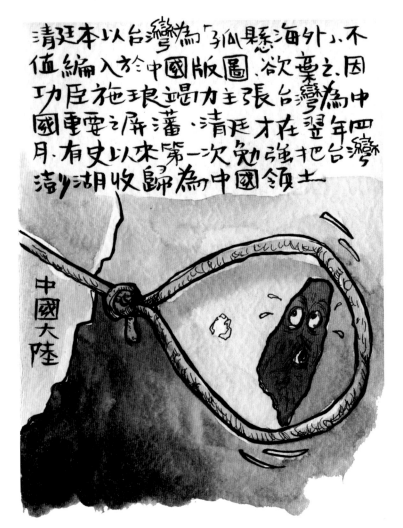

中國大陸

奇怪的是併吞者毫無喜悅之情。

康熙的抉擇

清朝雖然攻下了台灣但
康熙皇帝卻猶豫是否要
接收台灣？有一派主張
將漢人全部遣返清國，放
棄台灣，但施琅力主
保住台灣，最後
康熙廿三年(1684)設
台灣府與台灣鳳
山、諸羅縣

鄭氏政權滅亡，清廷對於如何處置台灣，卻出現了「留台」、「棄台」的爭論。主張棄台者認為，既然鄭氏政權已消滅，台灣乃「海外丸泥，不足為中國之廣；裸體文身，不足共守。日費天府金錢而無益，不如徙其人而空其地」。平台有功的施琅則堅決主張不應放棄台灣這塊新得的領土，於是上呈《台灣棄留疏》，力陳保有台灣的利益及重要性。在施琅的強烈建議下，終於改變康熙皇帝的態度，而將台灣納入大清帝國的版圖，設「一府三縣」，派兵萬人駐守，台灣隸屬於福建省管轄。

施琅的戰爭紅利

施琅打下台灣，報了父兄之仇，又發了一筆戰爭財。難怪那麼多人想攻台！

天上聖母

1684年 施琅底定全台 上奏
清廷建議奉台灣民間信仰
媽祖「天妃」賜晉「天后」清
廷准奏 且進頒「護國庇民
妙靈昭應仁慈天后」敕號

施琅底定全台後，上奏清廷奉台灣民間信仰的媽祖由「天妃」賜晉「天后」，康熙23 年（1684）之後，大家普遍稱媽祖廟為「天后宮」。當時施琅從湄洲島湄洲媽祖祖廟帶來的古媽祖黑面二媽，目前安置奉祀在鹿港天后宮，此尊神像已有一千年的歷史，大陸本有兩尊開基媽，但都毀於文化大革命。

台廈兵備道

清廷設立「台灣府」，畫歸「台廈兵備道」行政管轄之下

中國大陸

台廈兵備道

澎湖

台灣府

這完全是軍事思考的行政布局。

半壁江山

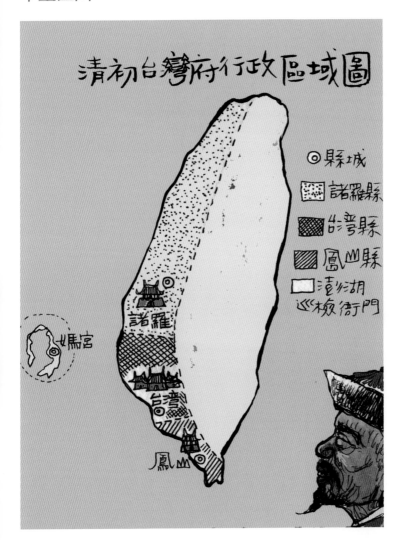

從圖中可見大清帝國對台灣的統治看起來是到達一半，但真正有效統治的土地面積，恐怕連十分之一都不到。

清末的台灣府

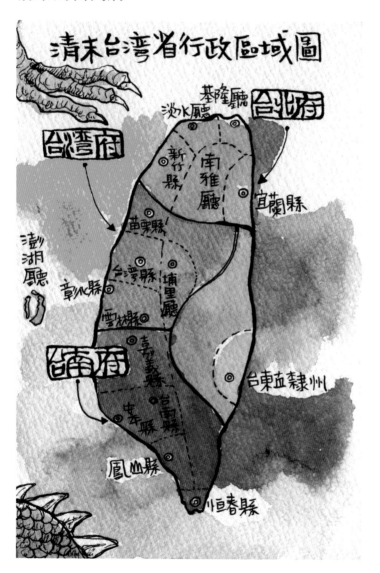

台灣府行政地圖看來的確有了一點進展，但對實際統治了台灣二百一十二年的大清帝國來說，態度還是很消極。

海禁

清廷採取隔離政策，禁止或限制大陸漢人往來或移住台灣達78年，畢於清朝治台的消亡－1683－1760歲月

台灣

清朝封鎖綫

禁

中國大陸

很難想像，對實際統治了台灣二百一十二年的大清帝國，竟然有七十八年的時間是採取隔絕與禁止的政策。

大清帝國的殖民政策

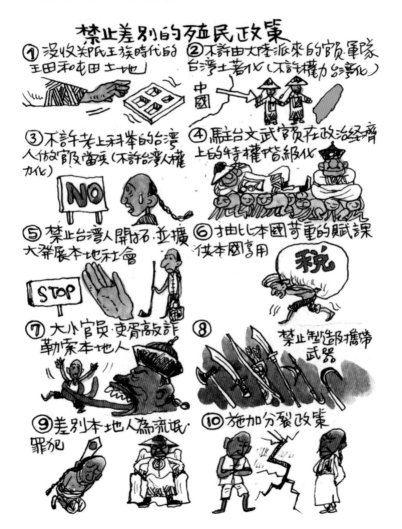

大清帝國的殖民政策看起來根本就是把台灣當成一個令人頭痛的蠻荒之地。

渡台悲歌

圖示的種種情形，都說明當時偷渡者的悲慘遭遇。再加上，台灣土地日漸開發，來台謀生已不像早期有那麼多的機會。於是有所謂的《渡台悲歌》的地方民謠，奉勸在大清帝國的親友千萬不要渡海來台灣。 歌詞內容：「勸君切莫過台灣，台灣恰似鬼門關，千個人去無人轉，知生知死都是難。」

黑水溝

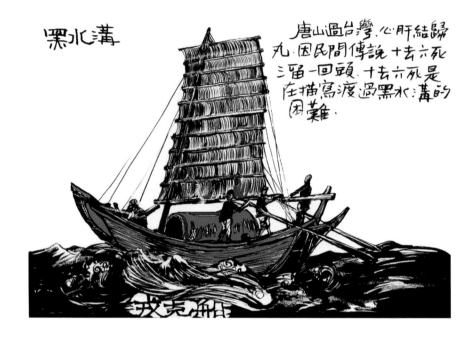

黑水溝

唐山過台灣，心肝結歸丸。因民間傳說十去六死三留一回頭。十去六死是在描寫渡過黑水溝的困難。

戎克船

早期的台灣海峽被稱為「黑水溝」，以風大、浪大、流速大著稱。許多來自閩、粵的移民渡過台灣海峽時，不慎發生海難，河洛與客家都有民謠《渡台悲歌》稱偷渡黑水溝來台者「六死三留一回頭」，意即十人當中，有六人會死在台灣海峽，有三人會留在台灣，而一人會不敢繼續渡過黑水溝而重回中國。原因常為偷渡船艙環境險惡與超載，所以能夠來台落地生根的數量不可能太多，由此應可證明台灣人其實大都是平埔族的後裔。

羅漢腳

羅漢腳稱呼的來源，有種傳說是因羅漢腳沒有固定住宿處，常借廟裡棲身，有些廟的後殿或偏殿供奉羅漢爺，羅漢腳當然不能睡在大殿，所以，常睡在羅漢爺的腳下，故稱為羅漢腳。

平埔族漢化

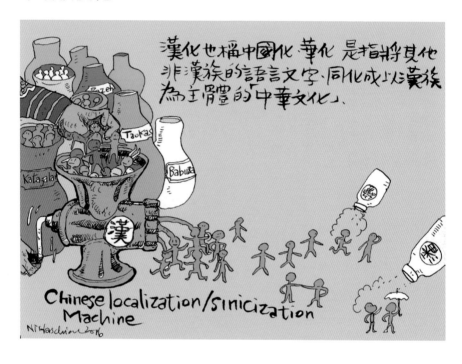

滿清入台第一就是驅逐原有漢人，也就是「回籍令」，把鄭氏人馬四萬二千漢人趕回中國。

第二禁過番，亦即「禁渡令」，禁止閩客過台，來台靠偷渡或照單（批准）人數有限。

第三禁入番，禁止在台閩客進入生熟番地界。

第四禁帶眷，即使官員亦必須單身來台。後來雖稍有鬆禁，但仍不准攜眷，乾隆26年（1761）第三次開放，但無移民家眷來。

第五禁娶番，乾隆2年（1737）禁娶台灣妻：「福建台灣民人，不得與番人結親，違者離異，民人照違制律杖一百」。最後以「逐水令」驅趕在台無眷漢人，臉刺「逐水」逐令過水。

今之台灣閩客多為生熟番漢化而來。文獻會《台灣省通志》卷八同冑志第三冊第六十頁：「為表示歸附，曾於乾隆23年令歸附平埔族薙髮結辮並實施賜姓政策，亦令改用漢名」，「番人」就此變「漢人」。

260 萬的漢民族？

移民的黃金時代·到清末漢系台灣人增為260萬人原住民減為18萬餘人

中國大陸

台灣省

有七十八年的禁止移民，然移民人口急速膨脹到二百六十萬。這恐怕是平埔族大量被迫漢化得出來的數字吧！

吳沙

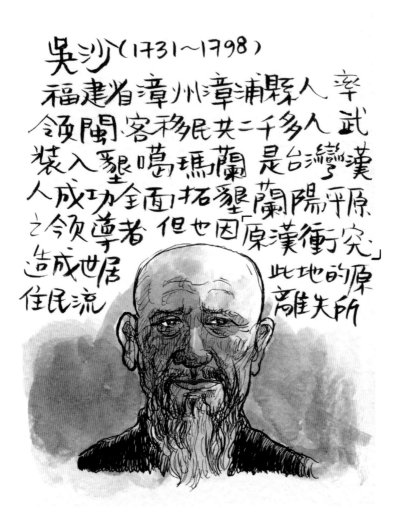

吳沙（1731～1798）
福建省漳州漳浦縣人 率
領閩客移民共二千多人 武
裝入墾噶瑪蘭 是台灣漢
人成功全面拓墾蘭陽平原
之領導者 但也因「原漢衝突」
造成世居 此地的原
住民流 離失所

以漢人觀點看吳沙，他是開拓蠻荒噶瑪蘭，成就繁榮鄉土的開蘭第一人。對世居於此的噶瑪蘭人來說，吳沙則是強勢的入侵者。噶瑪蘭人從此失去了土地與水源，失去了祖先留下的生存方式，同時也失去了世世代代的記憶。

噶瑪蘭廳

噶瑪蘭廳「Kavalan」在噶瑪蘭語中是「平原之人類」的意思，從西班牙人到大清的統治，只有名義上的管轄，並沒有設官治理，一直到1810年設廳，這塊化外之地才正式納入大清版圖

1810 年之前，宜蘭是遺世獨立之國。

宜蘭地區，舊稱「蛤仔難」或「甲子難」，正是「噶瑪蘭」（Kavalan）一語的音譯。「Kavalan」在噶瑪蘭語裡面，是「平原之人類」的意思，主要是該族族人用來區別當時居住於山區之泰雅族「Pusulan」的稱謂。西班牙人佔領北部之後於噶瑪蘭居住地劃定「噶瑪蘭省」（Cabarán）。清朝領台以後，宜蘭歸諸羅縣管轄，至 1723 年又歸新設立的「彰化縣」，七年後再劃入同樣成立於 1723 年的「淡水廳」。在這段期間，清朝政府對宜蘭地區只有名義上的管轄，並沒有真正設官治理。由於宜蘭被視為行政邊疆，常成為海盜、流寇的聚集地。為便於經營開發，在台灣府知府楊廷理多次奏請設置行政區以後，才於 1810 年設「噶瑪蘭廳」於噶瑪蘭廳城。1875 年噶瑪蘭廢廳改縣，而以噶瑪蘭的「蘭」字，冠上「宜」字，改稱「宜蘭縣」，由新設的台北府管轄。

獅頭事件

獅頭事件‧1875年清帝國欽差大臣沈葆楨
在牡丹社事件之後開始「開山撫番」計畫打
通往恒春和後山之路‧發動大軍攻擊屠殺
原住民‧出兵數萬人‧雖勝利‧卻死
傷慘重

「撫番」在漢語的真正意思就是「野蠻人納命來！」。漢族文化真是博大精深，不
管生番熟番，還天真以為刀械槍砲是用來撫慰人心的呢！

清國的米倉

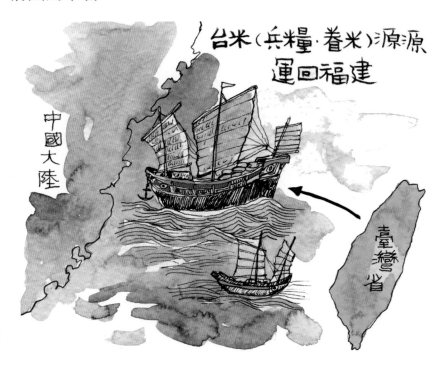

台米（兵糧·眷米）源源運回福建

中國大陸

臺灣省

台灣在清國之側被迫扮演著供應母國資源的角色，這還不算是殖民地與母國的相對關係嗎？

開墾再開墾

現耕佃人即漢人移民開
拓者農民．遭到大租．小
租．稅金的三種剝削

台灣人口漸漸增加，急需開拓可耕土地。台灣進入了全農業的經濟結構。

實際生產者

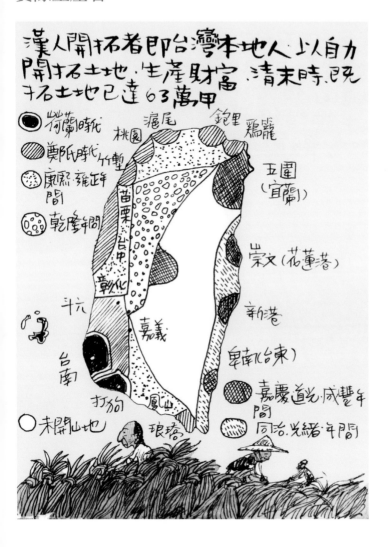

漢人開拓者即台灣本地人，以自力開拓土地，生產財富，清末時，開拓土地已達63萬甲

- ● 荷蘭時代
- ◐ 鄭氏時代
- ◉ 康熙、雍正間
- ◎ 乾隆年間
- ◒ 嘉慶、道光、咸豐年間
- ⊕ 同治、光緒年間
- ○ 未開山地

滬尾　錫里　雞籠
桃園
竹塹
苗栗
台中
彰化
斗六
嘉義
台南
打狗　鳳山
琅璚
五圍（宜蘭）
崇文（花蓮港）
新港
卑南（台東）

台灣的實際生產者都是中下階層的勞苦大眾，毫無產值的頂上階層卻理所當然的收割走了最大比例的結果。

台灣的階級利益矛盾

開拓農民大眾反抗清朝屠殺「三年小亂、五年大亂」，但大小租戶及士紳階級，始終採取旁觀態度

台灣歷史上所有最進步的改革力量，都來自相對無產的中下階級，代表既得利益的上層階級，通常是負嵎頑抗的阻礙力量。

分類械鬥

台灣分類械鬥
18世紀中至19世紀末的大清統治時期這種台灣的集體群械鬥分為原漢衝突、閩粵械鬥、漳泉械鬥、及頂下郊拼 等不同類型

分類械鬥發生原因雖十分複雜，但就事件觸發之原因可分為：

1. 乾隆後期大量移民，先來後到的土地分配衝突。如灌溉水權、爭取墾地、建屋蓋廟等等。
2. 清治官衙控制力薄弱，無法禁絕遏止。
3. 清領地方官藉漠視兩方爭鬥甚至分化，造成兩敗俱傷以削減反清力量。
4. 同鄉移民聚集地相近，遇與外鄉移民利益衝突，容易聚眾私自逞鬥。
5. 不同鄉土神祇或不同拜盟的信仰意識衝突。
6. 民風強悍與羅漢腳人數過多。
7. 番女婿承襲平埔族與漢人間之土地糾紛歷史，而演變成「漢人內鬥」。

頭人

台灣早期移民社會中自成體系的一種排解紛爭的領導方式。領頭的人多指地方聚落
或某些地方大家族中的首領。

中興王朱一貴

朱一貴 Chu ll-kùi
(1690-1722) 人稱鴨母王，大清
帝國福建漳州長泰人。清治三大
民變朱一貴事件發動人，舉事
期間，定國號為
「大明」，建元
「永(和)」，並受
眾人擁戴為
中興王，自稱
義王

稱鴨母皇帝。史

1721 年台灣知府王珍作威作福，民怨沸騰。朱一貴與眾友人遂商議舉事，眾人推朱一貴為盟主並以己身朱姓及反清復明為號召，不久即以結盟拜把及豎旗招人的方式聚眾千餘人，由羅漢內門（今高雄縣內門鄉）開始，出襲岡山，進佔府城。同時下淡水粵籍角頭領袖杜君英招人相應，攻下鳳山縣城。諸羅縣城亦由另股群眾攻下，朱一貴稱義王，開府郡治（台南市大天后宮），建國號大明，年號永和。由於所部概屬烏合之眾，缺乏政權規畫與統治能力，開國不及兩個月，清軍控制全台，朱一貴被押至北京處死。

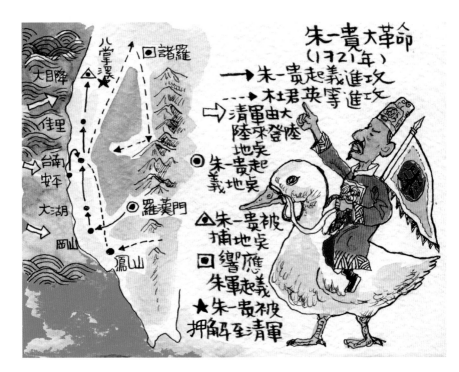

朱一貴的「中興王」只當了不到兩個多月就結束了。全盛時期有三十萬群眾跟隨，暴起暴落令人不勝唏噓。

民間歌謠：「頭戴明朝帽，身穿清朝衣，五月稱永和，六月還康熙。」

而朱一貴起義被鎮壓之後，大清帝國學到一事，即是分化台灣人就可預防再次的革命。於是福建水師提督施世驃以客家人偏袒清軍為理由，奏准解除其父施琅對客家人來台限制，其實客家人早已大量來台。

第一個本土政權

從唐山渡海到台灣以來，閩南人與客家人的矛盾鬥爭，始終成為統治者最容易操弄分化台灣人團結的阿基里斯腱。鴨母王「朱一貴」的興起，是台灣史上第一次閩、客兩股力量的結合（亦是唯一的一次，可惜後來也走上內訌的宿命），短暫奇妙地推翻滿族的統治，建立了第一個本土政權。

杜君英

杜君英（1667～1721）大清帝國廣東潮州府海陽縣人，康熙六十年（1721年）以「清天奪國」之名起兵於內山，從赤山（鳥松）鳳山（左營）一路所戰皆捷，最後攻入台灣府城，可惜與朱一貴因權力鬥爭反目成仇，最終失敗

康熙 60 年（1721），杜君英於 3 月 10 日舉「清天奪國」旗幟起事於內山。起事之後，杜君英在新園、下埤頭（今高雄市鳳山區）一帶迅速地聚集了龐大的部眾。相較朱一貴在面對清軍多稜巡不前，杜君英從赤山（今高雄市鳥松區）、鳳山（今高雄市左營區）一路所戰皆捷，最後攻入台灣府城（今台南市中西區）。

杜君英和朱一貴攻陷台灣府後，杜君英和朱一貴發生了權力的鬥爭。杜君英的部眾多有原籍福建漳州、泉州二府的墾民。然而當杜君英以其功大，倡議立其子為王時，此時以閩籍勢力占多數的朱、杜起事集團卻擁立同為閩籍的朱一貴為王。而杜君英身為起事集團南路軍的首領，僅受封為二十七名國公之一，對比朱一貴部卻有未曾作戰，而僅請託人情即可封國公者。起事集團內的閩籍勢力對潮州人杜君英的壓抑，導致了集團內部粵籍將領的不滿。

朱一貴以整肅軍紀為由，聯合集團內的閩籍將領圍剿杜君英，導致杜君英兵敗赤崁樓下，率眾北逃。

杜君英率眾北逃後，初敗走虎尾溪，後至貓兒干（今雲林縣崙背鄉）。最後杜君英和其子又逃回羅漢門（今高雄市內門區），躲藏於山中。

康熙 60 年 9 月，清軍派陳福壽以不殺為諾，誘降杜君英。杜君英和其子杜會三遂俱出而降於清軍。康熙 60 年 10 月，杜君英和其子杜會三被遞送北京，其後都被斬首。

六堆

高屏地區客家先民在朱一貴起兵時，組織六支民間義勇軍保衛家鄉，抵禦外侮，亂事平定後，六營鄉勇解散，將各營所有屬地稱為六隊，後以諧音稱「六堆」。

康熙 60 年（1721）朱一貴在新園、萬丹一帶作亂，清政府無力平亂，朱軍越來越強大，已威脅到六堆的發祥地「濫濫庄」，居住在下淡水東岸地區十三大庄與六十四小庄，在語言、文字習俗都相同，內聚力強的客家庄移民，為了保護家園，於是推派代表在內埔天后宮，共同商討大計，決定號召庄民組織義勇軍團，一共有約一萬二千多人，保護身家性命與財產的安全。

林爽文

林爽文(1756-1788)
1773年隨父渡台。1784年加入天地會。之後成為彰化天地會首領。1786發動反清復明之役圍攻諸羅城十個月

林爽文事件為台灣清治時期三大民變之一，也是規模最大的平民革命。

乾隆中葉，台灣吏治腐敗，貪官橫行。與此同時，天地會組織在台灣迅速擴大，入會人數不斷增加。廣大人民對大清王朝的統治日益不滿。天地會成了除貪抗清的一支不可小視的政治勢力，引起了清政府的關注，乾隆 51 年 11 月 26 日（1787 年 1 月 16 日），清政府下令解散天地會，到處搜捕該會會員，並藉機燒殺搶掠，濫殺無辜。天地會黨人林泮、林領等被官府追捕逃至大里。知府孫景燧進駐彰化，命知縣俞峻和游擊耿世文進駐大墩（今台中市）。大里離大墩僅七公里，只見大墩城內火光沖天，哀號一片。形勢緊迫，林泮勸林爽文揭竿起義，林爽文生性豪邁，疏財仗義，此時已忍無可忍。他不顧林姓宗親反對，毅然率眾起義，號召百姓「剿除貪官，以保民生」。

林爽文起義並沒有崇高的政治理想，也沒有任何改變體制的想像與企圖。這種革命純粹是一種以武力改變權力攫取的賭注而已。

諸羅古城

一種皇城的概念。

諸羅城建於康熙 43 年（1704），原以木柵為城。雍正時改為土堡，1786 年林爽文事件後「加高倍厚」。

押送北京

這種樹立威權的帝國統治手法看起來很熟悉，只是苦了林爽文。以當時的交通條件來看，過程與結果實在是慘無人道。

天地會

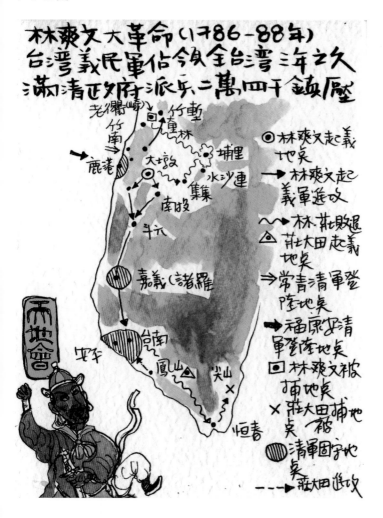

天地會早先領導、發號施令中樞在台灣，歷經林爽文事件以後，天地會領導權由台灣轉移至中國大陸。天地會在中國大陸隨著時代的演變形成兩大幫會組織，陸路以洪門為主，據山為寨；又有一些天地會分子加入了漕運工人的清幫，沿江設舵。大清帝國被中華民國推翻後，兩大幫會的反清任務遂告完成。國共戰爭，1949 年國民政府敗退遷台，洪門、清幫兩大幫會領導權最後又由中國大陸轉移回台灣。

莊大田

莊大田(1734-1788)
大清帝國福建漳州府平和縣人. 鳳山天地會首領. 林爽文事件時起兵響應. 自號南路輔國大元帥. 二度攻下鳳山縣城. 進攻台灣府城失敗. 後兵敗被捕. 處死. 並函首北京

莊大田是能與林爽文分庭抗禮的天地會領袖,甚至領導能力超過了林爽文。可惜的是沒有多少人知道他,就像阿姆斯壯是人類登陸月球第一人,但第二人是誰?

義塚大墓公

台灣農民大眾收容為抗清戰亂犧牲的無名戰士死屍，合葬於各村庄外郊的「大墓公」每歲七月「普渡」祈念為台灣而亡的歷代無名戰士英靈，並求合家平安．五穀豐收

清乾隆 51 年間（1786），天地會林爽文號召反清復明，在擺接（今土城、中和、板橋一帶）與官兵交戰，橫屍遍野，清朝因其為亂黨，任由曝屍不予理會，但卻不知道其中也有許多是前來協助官兵而滅亡的義民，於是鄉民便將義民殘骸收埋於「黑狗糯米糰穴」，稱為「古村義民公」。

之後經由上奏實情，朝廷賜頒「義塚」之名，故改稱為「義塚大墓公」。

篤嘉莊之戰

1787 年篤嘉莊之戰,紀律優良的武力叫正義之師,燒殺擄掠的武力叫作土匪流寇,幫助官府的是義軍,反抗官府的是叛軍,革命成功的叫烈士,失敗的叫屍體。

海賊王蔡牽

蔡牽是個傳奇人物，福建同安縣人，因犯法而成為海盜，以搶劫客商為主，
橫行台灣海域上，他成為滿清官方追緝的目標，起始於嘉慶 8 年（1803）
6 月的一次大搶劫，蔡牽的船艦將數千石官米在海上劫掠一空，並結合廣東海
盜朱濆，一起在福建沿海搶劫，嘉慶 9 年（1804），蔡牽率領數百艘大小船
隻、二萬手下而成為實力堅強的海賊王，他率艦進攻鹿耳門，造成全台震動。
嘉慶 9 年 12 月，蔡牽的船艦北上第一次進入滬尾，與浙江水師提督李長庚在淡水
河口一帶大戰。嘉慶 10 年農曆 3 月，蔡牽結合台灣地方武力，自立為王，建立年
號「光明」，自稱「鎮海威武王」，與滿清官兵進行數度拉鋸戰。而在同年 11 月
16 日更沿淡水河攻入艋舺，火焚新莊街殺死守衛的艋舺營都司陳廷梅，迫使台灣
知府宣布台南一帶戒嚴。這次大屠殺，讓蔡牽獲得「最惡就是蔡牽」的名號。直至
嘉慶 14 年（1809）蔡牽遭水師提督王得祿、邱良功打敗，炸船自沉而死，結束傳
奇的一生。

這張圖是在伊斯坦堡轉機時畫的，當飛越過博斯普魯斯海峽時，我想起蔡牽的年
代，想起台灣人本來就是個極其國際化的海洋民族，是被蔣氏政權綁進了鎖國的敗
寇性格中，而遺忘了血液中奔流著縱橫七海的海賊王 DNA。

戴潮春事件

戴潮春（?~1864）、又名戴萬生、大清帝國
台灣府彰化四張犁莊人、出身地主、受
官府委託組織鄉勇、維護地方治安。
1862年因官府取締戴的「八卦會」而起
兵、攻下彰化街、斗六……
1864年投降遭斬殺

戴潮春創作童謠、偽造徵應
親自開耕、模仿天子行為與
「天人感應」之說、應是歷
次民變中最具政權意
識的 令貞袖

或作「戴萬生事件」。台灣清治時期三大民變之一，也是時間最久者，自 1862 年起事至 1865 年平定，共歷時四年多。事件起因乃官府鎮壓八卦會所致，影響範圍北至大甲，南至嘉義，遍布整個台灣中部。雖然起事者為戴潮春，但與事者中包含各地暴發戶，其中以林日成、洪欉等最有勢力。

由於當時清廷正與太平天國交戰，無力理會台灣民變，加上參與事件者包含各地大小暴發戶，在起事當地頗具影響力，因此初期清朝僅能依靠霧峰林家等暴發戶與鄉勇勢力抵抗。直到 1863 年丁曰健與林文察相繼赴台參戰後，戰情才急轉直下，於 1865 年初結束。

戴潮春事件之後，霧峰林家因建立軍功，獲得大量的田產與樟腦專賣權，一躍而成為中台灣最有勢力的家族，但也種下日後官府與林家之間仇恨的種子。

三年輪調

清廷雖將台灣納入版圖，但又恐
懼反對勢力死灰復燃，因此對台
採取種種防範措施，如派任官員
採輪調制，軍隊也由外派任、
不准在台召募士兵，駐軍採「班
兵制」三年輪調一次……

清朝雖然將台灣納入版圖，但深恐台灣孤懸海外，明鄭殘餘勢力會藉機死灰復燃，因此對台統治採取種種防範及限制政策，以避免台灣成為叛逆的溫床。例如：派任官員採輪調制，駐台的軍隊也都由外地派任，不准在台選雇士兵，且駐軍採「班兵制」，每三年輪調一次，不使官兵久駐台灣，在此生根，而形成割據之勢。官員及班兵皆不准攜眷來台，以作為牽制。

防叛任務

大清帝國開始治理台灣
是將台灣隸屬福建省管
轄，福建巡撫派駐台灣
的官員。最主要任務是防
止台灣出現有組
織的反抗活動，而
不是建設台灣……

當時的台南府城及各縣治都不准興建城垣，以避免萬一台灣發生民變時，城池被叛民所據，可藉以對抗官兵。清廷對於移民來台，更是採取極嚴格的限制政策。做法包括：一、成年人必須經過申請核准，才能前來台灣謀生。二、禁止婦女和兒童來台。因此來台謀生者無法攜眷。三、粵地人民禁止申請來台。這樣的限制措施，雖然曾短暫放寬或解禁，但基本仍維持管制的政策。一直到光緒元年（1875），在欽差大臣沈葆楨建議下，清廷才完全取消限制的政策。

王得祿

王得祿（1770－1842）大清帝國福建省台灣府諸羅縣溝尾人（今太保市）著名將領。協助平定林爽文、朱濆、蔡牽海盜，官浙江提督，加少保。助平定事件，擊潰滇寧，官至江省太保

為大清帝國時期官位最高的台籍官員。另外，王得祿墓是全台最大的私人墓園，也是目前嘉義縣內唯二的國定古蹟之一（另一處為新港水仙宮）。

台灣傳說記載：王得祿年少從軍時，擔任旗兵。一次官兵剿匪，因不敵而退卻，打算紮營，退時，由於王得祿身上護身的香火（一說親人特意為之縫紉的新鞋或衣物）掉落於前線，王得祿忘記自己手執軍旗，情急之下飛奔前線尋找，部隊以為官府決意反攻，一鼓作氣，遂大破敵軍。王得祿也因而得以晉升軍官。

另一個傳說是，仁宗嘉慶君為太子時，曾經微服出巡至台灣，王得祿、李勇擔任隨行護駕保鑣，李勇且在今日南投縣竹山鎮因天地會徒行刺嘉慶，李勇以身擋箭護君殉國。不過嘉慶君遊台灣純粹是出於野史故事，並非史實。

福康安

福康安
（1753－1796）
年間名將．
大臣
曾平定甘肅回民田五起事
台灣林爽文起事

fukangan
大清帝國乾隆

「清兵入關」是台灣人共同的惡夢！這個人是貨真價實的清兵。
福康安早年參加第二次金川之戰，此後歷任陝甘、閩浙、兩廣、四川、雲貴總督，
官至武英殿大學士。先後平定甘肅回民田五起事、1787 年台灣林爽文事件、廓爾
喀之役、苗疆起事，累封一等嘉勇忠銳公。嘉慶元年（1796）2 月，賜封貝子，同
年 5 月在軍中去世，追封嘉勇郡王，諡文襄。

林占梅

林占梅（1821-1868）原籍大清
帝國福建同安，因經理全台塩務
而成鉅富。鴉片戰爭英艦侵犯
雞籠時，他捐鉅款建砲台協防，
1862年戴潮春事件，淡水同知被
殺，竹塹城土匪打劫，林占梅組
織團練　維持治安。1863
年還親率二千
精兵與戴
潮春作戰

林占梅文武雙全，琴棋書畫無不精通。著有「潛
園琴餘草」詩集。女留下園邸是在1849年修築的
"潛園"是當時新竹文人主要活動地點。

林占梅，全台團練大臣，他雖然沒有功名，卻文武雙全，熱心公共事務。曾在英人艦隊侵犯雞籠沿海時，他捐巨款建砲台協防。漳泉械鬥時，他招募鄉勇扼守大甲溪杜絕其蔓延。尤其是同治元年（1862）的戴潮春事件，淡水同知被殺，竹塹境內土匪打劫，林占梅獨撐大局，變賣田產，組織鄉團維持地方治安。同治2年（1863）10月，他更親率二千精兵，進攻被戴潮春佔據之地，同年12月戴氏亂平。

霧峰林家

霧峰林家、台灣五大家族之一
因其發跡於霧峰(古稱阿罩霧)
而得名。自9世紀以來、林家掌
握了中台灣大量的田地。領有
數千精良兵勇及樟腦特賣權
，協助平定太平天國、戴潮春事
件並參與清法戰爭……

台灣五大家族的故事就是台灣近代史的縮影。中台灣的霧峰林家最著名的戲台，正是上演一幕幕台灣命運的歷史大戲的空間。

林文察

林文察 Lim Bûn-Tshat
(1828-1864)大清帝國彰化縣
阿罩霧人，林家第五代族長
著名台籍將領、曾協助
平定小刀會、 戴潮春事件
並曾率
領台勇
渡海對抗
太平天國

霧峰林家家大業大，竟還擁有強大的私人武力，除協助官府平亂，甚至可以傭兵團的方式到大清帝國參加內戰，讓人想到歐洲封建年代的歷史。

林文明

林文明(1833-1870)大清帝國台灣府彰化阿罩霧人·與兄長林文察參與平定太平天國與戴潮春事件·林文察死後成為林家族長·大力擴展家業·後因得罪官府·屢遭訴訟·最後被斬殺·時年38歲

林文明生於 1833 年，為林定邦次子，身形魁梧。1850 年，林媽盛因綁架林定邦族人林連招，而與定邦發生衝突，結果衝突之中林定邦中彈被殺。這時，時年十七歲的林文明與哥哥林文察率人擊殺之以報父仇。

林文明雖隨兄長到處征戰立功，可惜下場頗悽慘。1864 年，在林文察戰死後擔任霧峰林家的宗長，大力擴充家業。但因樹大招風，得罪索賄不成的官員與民間仇家，屢遭訴訟，最後被專員凌定國當廷斬殺。

目仔少爺：林朝棟

林朝棟（1851－1904）大清帝國台灣府彰化阿罩霧人，大清著名將領，自幼因練武傷一目，綽號為「目仔少爺」，參與清法戰爭，協助劉銘傳辦理新政，平定施九緞事件，甲午戰爭後支持台灣民主國，但乙未戰爭後心灰意冷，舉家遷廈門，後病死上海

基隆至今還有獅球嶺下的朝棟里，可惜知道的人並不多。

林朝棟（1851-1904），綽號稱「目仔少爺」，台灣府彰化縣阿罩霧人，台灣清治時期將領，棟軍主帥，霧峰林家第六代，曾參與清法戰爭的台灣戰事，協助劉銘傳在台灣辦理新政，以及平定施九緞事件，官至二品頂戴道員，賞黃馬褂。甲午戰爭後，支持籌組台灣民主國，但乙未戰爭卻令他心灰意冷，於是舉家遷至廈門，最後病死上海。

市仔

台灣商品經濟發展
各地「市」欣欣向榮

貨幣交易

台灣市集在各地的蓬勃興盛，因交換產生價值，台灣進入更成熟的工商社會。

郊

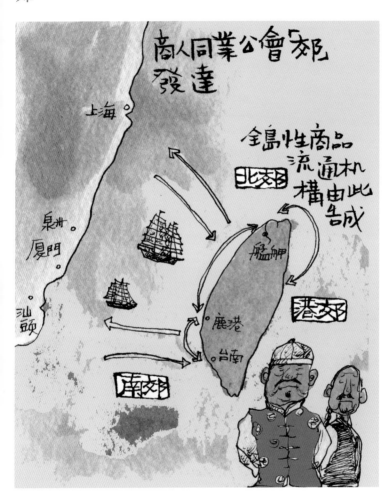

商人的同業公會漸漸成為台灣國際貿易中舉足輕重的力量。

蔗糖、茶葉、樟腦

商品經濟的世界發展（1800年代）

① 砂糖仍然是重要輸出品　粗糖→白糖製造　日本 南洋

② 烏龍茶聞名世界　NEW YORK　LONDON

③ 樟腦產量世界第一　世界各地　歐洲倫敦

1800 年左右的時代，台灣在世界獨占鰲頭的重要經濟產物。

一府二鹿三艋舺

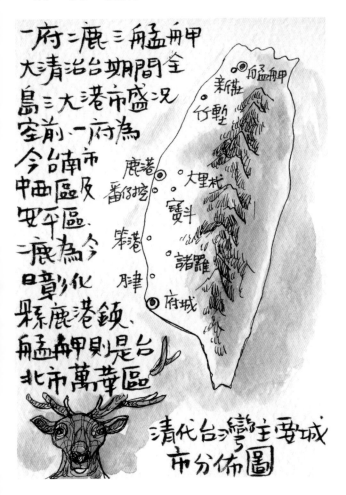

一府二鹿三艋舺
大清治台期間全
島三大港市盛況
空前，一府為
今台南市
中西區及
安平區，
二鹿為今
日彰化
縣鹿港鎮、
艋舺則是台
北市萬華區

清代台灣主要城
市分佈圖

台灣政經重心由南到北慢慢成形。為什麼會出現「台灣南部興盛的地位被北部所取代」這樣的逆轉？

最根本的原因，應該要追溯到清朝末年，在英法聯軍（1858-1860）火燒圓明園之後，清廷所簽下的天津條約中，首次開放台灣對外貿易，先是淡水及安平兩港，之後雞籠、打狗（高雄）也陸續開放。台灣北部因被迫開港加上茶葉貿易的國際貿易興起，北部經濟漸漸開始超越南部。

樟腦王國

台灣自古盛產樟腦，19世紀年產量占全世界的十分之七十到八十，引起了英國殖民者的垂涎。1860年台灣正式開港，英國開了十三家洋行，央挾雄厚資金，每年輸出達十五萬銀元之巨，漸漸壟斷台灣樟腦。

台灣早期的山林多為原始樟樹林，老樟樹樹齡千年以上者甚多，歷任的殖民者在台灣大量砍伐樟腦，台灣樟腦輸出量曾達世界首位，有「樟腦王國」之稱。樟腦的用途很多，除了使用在製藥一途上，也是重要的工業原料。當年為了樟腦的龐大利益，英國和大清帝國打了一仗，也可算是台灣版本的鴉片戰爭。

樟腦戰爭

1868 年發生在台灣的清英樟腦戰爭，整個事件的前因後果，是一部精采無比的圖文創作題材。

鴉片戰爭中的台灣

鴉片戰爭（1839-42年）發生，英艦砲擊雞籠兩次，來攻大安港一次

1839 至 1842 年爆發的清英鴉片戰爭，台灣也被迫捲入。雞籠和大安都無端被英國軍艦砲擊。

第二次鴉片戰爭

英法聯軍直迫北京、「天津條約」成立、
（1860年）台灣被規定為商埠、開港滬尾、
雞籠、安平、旂後

滬尾　雞籠

台灣

安平

旂後

第二次鴉片戰爭（Second Opium War）是第一次鴉片戰爭的延續，又稱英法聯軍之役。是 1856 年至 1860 年 9 月 22 日英國與法國欲謀取在大清更大的利益，以亞羅號事件及廣西西林馬賴教案為導火索，組織英法聯軍入侵清國的戰爭；又被英國人稱為「亞羅號戰爭」（Arrow War）、「英法對清遠征」（Anglo-French expedition to China）或「第二次英清戰爭」（Second Anglo-Chinese War）。此次戰爭時值英國的大不列顛與愛爾蘭聯合王國時期、法國的法蘭西第二帝國時期、以及清國的咸豐時期。

美國帝國主義窺視台灣

1832 年，美國傳教士 Charles Repository 就隨英國商船來台灣考察，成為史上第一個來台的美國人。他呼籲美國政府和基督教會將基督教傳入台灣。

1847 年，美國與英國的海軍對台灣島上的煤礦做有系統的調查。

1854 年 3 月 24 日，美駐華寧波領事赫厘士（Townsend Harris）向美國政府建議，為了擴張美國的商業和軍事基地，應該收買台灣島。

1854 年 6 月 29 日，美國東洋艦隊司令官培里（Mathew C. Perry）於締結「美日和親條約」後，派遣阿波特上校（Captain Abbot）及辛克萊少校（Lieutenant Commander Sinclair），率領軍艦從日本到台灣，調查雞籠煤礦埋藏量，以及美國船遇海難而美國人被俘的情形。回國後，極力主張以武力佔領台灣。

清法天津條約

1858年清法戰後，雙方簽訂「天津條約」，法軍撤出基隆，大清承認法國在越南權利，自由進出雲南、廣西

1858 年大清代表桂良和英法代表於 6 月 26、27 日簽約，各有五十六、四十二款，再加上附約。
1. 增開牛莊、登州、台灣（今台南安平舊港）、淡水、打狗（今高雄港）、潮州（後改汕頭）、瓊州、南京及鎮江、漢口、九江為通商口岸。
2. 英法人士可在內地遊歷及傳教。
3. 英法商船可以在長江各口往來。
4. 英法人士在華犯罪，享有領事裁判權。
5. 關稅由雙方協定，每十年修訂一次。
6. 雙方互派公使；外使可行西禮，並進駐北京。
7. 清朝賠償英國四百萬兩、法國二百萬兩白銀。

殖民母國萬萬稅

對殖民地加稅是統治母國口袋扁扁時最下意識的反射行為。剛好而已！

殖民結構

清朝禁止或限制開拓土地，
把荷蘭時代的大小結首制
（奴隸制度），發展為「三階段
式土地所有制」

大租戶＝清代統治勢力
　　　的經濟代理人

小租戶＝
村莊内的買
辦　頭人

現耕佃人　＝
台灣開拓者．農民．財富的
唯一生產者

即使到了 21 世紀，在台灣這種殖民式剝削架構能殘存在台灣社會深處。

帝國的年代

維多利亞女王應該是英國史上最強盛的時代之一，也是英國帝國主義的顛峰。
新帝國主義（New Imperialism）是 19 世紀晚期至 20 世紀初歐洲各國（主要包括
大英帝國、法蘭西第三共和國、德意志帝國、奧匈帝國、義大利王國等），及後來
的美國及日本以其科技及經濟力量，對亞洲、非洲進行殖民地及經濟勢力擴張的行
為。在 1870 年普法戰爭後至第一次世界大戰前的四十多年間，是其發展最快的時
期。英國史學家霍布斯邦（Eric Hobsbawm）對新帝國主義做出精確的時間斷限，
他把 1875-1914 年定義為「帝國的年代」，強調歐洲人因為 1873 至 1896 年間嚴
重的經濟蕭條，為了紓緩經濟困難，大幅向亞非地區殖民，以獲取殖民地的原料和
市場，並提供本國人急需的就業機會。

羅妹號事件締約

羅妹號事件之後，美軍攻擊排灣族失敗，決定用外交和談手段解決。李仙得帶著翻譯必麒麟，與十八番社公推的大頭目交涉，最後達成親善盟約的協議，清廷聞訊希望也能比照締約，大頭目表示絕對無法與天性卑鄙、欺詐成性的中國人談判，只有血戰一條路，由歷史來看，這些台灣原住民還真是先知啊！

美國對台灣的野心至今未變

美艦羅妹號事件（1867年）美
政府欲佔台灣，未果

THE ROVER

TAIWAN

七星岩

1867 年羅妹號事件後美國循外交途徑向大清帝國抗議，但大清的態度是消極以對，表示當地是化外之地，生番之事不干我國的事，美國抓狂竟發兵攻打台灣。結果一搶灘登陸後，竟被英勇的排灣戰士打得灰頭土臉，鎩羽而歸，這是美國軍事史上很不光彩的一頁。

勇哉！排灣族戰士

排灣族戰士實在是驍勇善戰，而且還不只是部落，是貨真價實的王國。到 1930 年才被日本殖民統治者消滅，如果以為墾丁只個度假玩樂的地方，那就太 low 了！

大龜文（排灣語：Tjaquvuquvulj），亦稱大龜文王國、內文社，是古代南台灣南排灣族建立的一個「封建準王國」。大龜文王國並非鬆散的部落聯盟，而是一個有組織與規模的實體政權，為一個貴族社會，王國最強盛時期曾統治二十三個盟部以及數個漢人村落。其存在時代橫跨史前、荷治、東寧、清治以及日治，儼然是一個獨立於外部政權的「國中之國」。

1874 牡丹社事件

牡丹社事件之初，大清帝國不以人為意，到（1874年）戰爭後期才意識到事態嚴重，派沈葆楨為欽差大臣、辦理海防及對各國外交事務，之後與日本談判，簽訂「北京專約」，承認日本此為「保民義舉」，承認琉球為日本屬地。

大清帝國的洋務運動比日本的明治維新更早開始，兩國的國庫規模更是天壤之別，但一個大陸富國，只想要豪邁撒錢，買到「船堅砲利」就心滿意足矣，另一個小島窮國，則是從骨子裡想做到「脫亞入歐」的脫胎換骨，牡丹社事件讓日本更看清楚這一點。

射寮登陸

牡丹社事件，1871年琉球漁民誤闖排灣族領地而遭原住民出草殺害，日本稱之「八瑤灣事件」，1874年陸軍大將西鄉從道率三千六百名官兵前往台灣，由射寮登陸，攻擊原住民。

1871 年「牡丹社事件」爆發之後，便於 1874 年派兵大舉入侵台灣，當時日本中將西鄉從道所率的五艘戰艦及三千六百五十八名兵勇，就是由恆春半島之射寮登陸，並屯兵龜山下，直到該年年底日軍戰勝索賠後，始撤兵回日，離台前並於龜山下立碑紀念。該碑雖旋即被清兵拆除，但 1895 年日本治台後，又於 1914 年原址重建此碑，直到 1945 年台灣光復後，碑石雖然保留，但碑文卻經人為毀損，不復辨識如現狀。

大南澳事件

大南澳事件(1868-1869)從1861年開
始英德兩國有人在台灣宜蘭南澳
建立小殖民地·英國人荷恩(James Horn)
及德國人威伯·向淡水德國領事詹
姆士·美利士(James Milisch)申請執照
進入南澳大興土木·建堡拓殖·並以
大南澳不屬　　大清拒絕撤出·後
荷恩船　　　　難才結束
這個　　　　　身亡
計劃

淡水廳

NO

噶瑪蘭廳

大南澳

從南部的牡丹社事件和東部的大南澳事件來看當時的台灣,大清帝國所能管轄掌控
的地方根本就無能涵蓋全島。之後的法國和緊接侵台的日本帝國都以這些事件來證
明了一件事,就是台灣自古以來,根本從來不屬於過任何國家。

番人非人

牡丹社事件，大清帝國對日本的官方回覆意思是：那些野蠻蕃人又不歸我老子管轄，他們住的地方非我國土，要不要去給他們教訓？天要下雨，娘要嫁人，隨便你啦！

回憶牡丹社

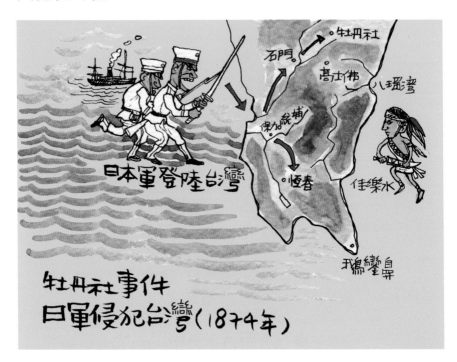

二十幾年前，個人在服兵役時，曾在二重溪三軍聯訓基地營駐紮半年，石門古戰場離營區不過四五公里而已，地圖上的路徑在幾個月的行軍演習中也都踏遍很多次。當時我問了很多人，包括當地民眾，竟然沒有人知道所謂的戰役是誰打誰？究竟發生過什麼事情？還有當地人指著石門溪畔的鴨群，得意說這裡的鹹鴨蛋可真是美味啊！

萬惡不赦的蔣幫黨國集團，讓台灣人成為世界上最不知道自己歷史的失憶國民，沒有正常的國民，就永遠無法成為正常的國家。希望新生的一代台灣人，唾棄那批還在大聲叫囂的、最可恥的黨國餘孽，不要再漠視自己的土地發生過的一切。

李仙得

李仙得 charles W. Le Gendre
(1830－1899)為法裔美國人，曾參加
南北戰爭，官拜准將。後
擔任外交官，曾在美國駐廈
門領事。羅妹號事件後曾
來台灣與排灣族大頭目卓
紀篤交涉，訂南岬之盟。八
瑤灣事件 後（牡丹社事
件），擔任 日本外務省
顧問，協 助日本出兵
台灣。

日本人曾經以台灣總督一職為條件，讓熟悉台灣的李仙得策畫攻台策略及以台灣為中心的大東亞海權的藍圖，但後來不知什麼原因，日本並沒有履約。

必麒麟

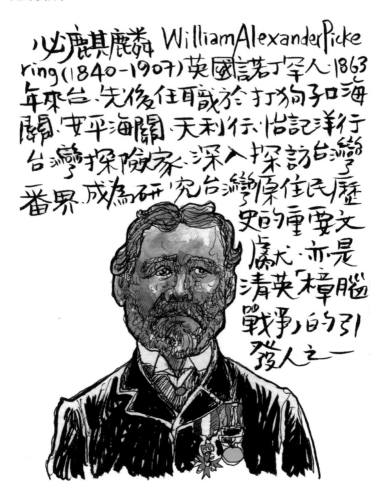

必鹿其鹿粦 WilliamAlexanderPicke
ring (1840-1907) 英國諾丁罕人,1863
年來台,先後住職於打狗和海
關、安平海關、天利行、怡記洋行
台灣探險家,深入探訪台灣
番界,成為研究台灣原住民歷
史的重要文
獻,亦是
清英「樟腦
戰爭」的引
發人之一

必麒麟是在台灣近代歷史上留名的英國探險家,當然也是個成功的商人與殖民官
員,西方列強插足東亞的見證者。

西鄉從道

西鄉從道 Saigou Jyuudou
(1834-1902)日本明治時期的陸
海軍大臣 元帥. 甲午戰爭時的海
軍大臣. 其兄為明治維新三傑之一
西鄉隆盛. 1874年牡丹社事件
帶兵自琅嶠上岸. 攻擊牡丹社

原住民. 史
稱西鄉大
暴走.

明治維新三傑之一的西鄉隆盛之胞弟──西鄉從道，當時為「蕃地事務局都督」。牡丹社事件發生後，他開始積極籌備攻台，並陸續向英、美等國商議租用輪船運兵，更雇用美國軍事顧問李仙得（C. W. Le Gendre），準備完整的軍事行動計畫，並事先派遣樺山資紀、水野遵秘密來台調查。

西鄉大暴走

西鄉大暴走：1874年西鄉從道率三千官兵欲至長崎 前往攻台，英美皆反對，日本政府下令暫緩出兵，大藏卿大隈重信苦勸不成，電告中央士氣強盛，其勢難止，而其後行動竟得到中央追認，史稱西鄉暴走，成為日後日本軍國主義原型

李仙得
Charles W. Le Gendre
1830 ～ 1899

西鄉從道
さいごうじゅうどう
1843～1902

大隈重信
おおくましげのぶ
1838～1922

前國義 矢咕軍人
李仙得亦隨行策劃出兵殖民計劃

大日本帝國軍人，征服世界，開步走！

日本的軍國主義差點把整個國家帶向灰飛煙滅之路，西鄉從道連日本政府的命令都不甩，還說「延遲出兵將會有損士氣，如果政府強行阻止，我願退還天皇的全權委任敕書，以賊徒之姿直搗生蕃的巢穴，絕對不會累及國家」。

就是這麼的先斬後奏的蠻橫模式，給了日本軍事主義者開了一個先例，從後來歷史的發展回頭看，才讓世人了解軍國主義的源起於此。

併吞琉球

琉球王國的國家想像，只殘留成為聯合國世界文化遺產的外殼。

1871 年，日本在全國實施廢藩置縣，琉球國被當作令制國編入鹿兒島縣。

1872 年，日本宣布琉球王國是日本的領土，結束了其與日本的朝貢關係，設置琉球藩，封琉球國王尚泰為藩王，正式侵占琉球，1874 年設為沖繩縣。

西仔反

西仔反，又稱基隆戰役、淡水、澎湖戰役。1884年8月5日
到1885年6月13日清法戰爭期間，法國遠東
艦隊與清軍在台灣北部與澎湖之間
發生戰役總稱。

Guerre
Franco-ch
inois
e

基隆發生的戰役。1884 至 1885 年法國帝國主義者為了覬覦中南半島的安南、柬
埔寨等殖民地，甚至台灣、澎湖還有清越邊界的諒山，和大清帝國海陸開戰。基隆
中正路的二沙灣有一座法國公墓，紀念當年在這場戰役中埋骨異國的七百多位法國
非洲軍團的軍人，當時的法國在普法戰爭（1870）兵敗受創，正處於尋求恢復自
尊的民族情緒裡，與大清帝國開戰的新聞報導，每日牽動著當時法國舉國上下，毫
不遜於現在的世界盃足球賽。

紅淡山的法國鬼魂

清法戰爭時，法艦隊進犯雞籠、滬尾、澎湖、及封鎖台灣各地港口（1884年）

我的老家就在基隆的紅淡山下，月眉山是小時候常走的遠足路線。但我從來不知道，我在巴黎國慶閱兵看到的外籍兵團，竟然在一百多年前，在這裡跟清軍殺到天昏地暗……

從 1884 年 10 月到一直到隔年 1885 年 4 月，法軍曾多次進軍台北卻遭受阻，一直被困於基隆。1885 年初，海軍的步兵隊和從馬賽調來支援法國外籍兵團從基隆向台北進攻而不果（霧峰林家的棟營及北部民團助劉銘傳擋下法軍），在第二次月眉山戰役中成功拿下月眉山，但仍被困於基隆河北岸，而未曾渡過基隆河。基隆之法國公墓、暖暖金山寺壕溝、碇內尖砲台，就是當年戰後所留下。

馮子材

1884 年兩廣總督張之洞急調廣西提督馮子材指揮戰鬥。馮子材在關內選擇險要地勢，挖壕修築砲台。然後出兵夜襲法軍駐地文淵城，誘使法軍進攻。

1885 年 3 月 23 日法軍第二旅九百餘人從諒山出發，攻入鎮南關，遭到清軍及黑旗軍四萬三千人伏擊。馮子材指揮從 1867 年起就被清軍趕到越南的「黑旗軍」以及「恪靖定邊軍」與法國來自東非的傭兵作戰，將其逼下長城，進入伏擊圈。3 月 24 日，法軍分三路發起衝擊，六十六歲的馮子材及二子親身投入肉搏戰，經過兩天激戰，法軍傷亡九十三人，戰線崩潰。清軍乘勝追擊，3 月 26 日攻克文淵城，3 月 28 日攻克驅驢（Ky Lua），此戰中清軍面對榴霰彈砲火不計後果地衝鋒，在戰場上留下一千兩百具屍體而法軍亡七人傷二十四人。此戰中尼格里（F. O. Négrier）中彈，繼任的赫本哲（Paul-Gustave Herbinger）驚惶失措，於 3 月 29 日放棄本來很可能守得住的諒山，3 月 31 日清方攻克屯梅、觀音橋，4 月 2 日攻克谷松。當馮子材集結四萬軍力準備進攻河內之際，清廷於 4 月 4 日和法方協議停戰，清廷乃下詔撤軍。

茹費里

茹費里 Jules François Camille Ferry
法國共和派政治家、1883-1885
年之間因和大清帝國爭奪越南
引發清法戰爭、遠東
艦隊取得全勝一
度佔領基隆澎湖
谷陸鎮南關一
役、敗走諒
山消息傳回
擔任總理的
茹費里政權
垮台

Jules Ferry
(1832-1893)

1885 年法國總理茹費里因為諒山失守而下台。
法國在印度支那進行殖民擴張，引起了擁有安南和東京宗主權的清廷不滿，最終引
發了中法戰爭。法軍在戰爭期間，突然撤離諒山，使得輿論一片譁然。茹費里因此
遭到了喬治‧克里蒙梭等激進派猛烈批評，最終在 1885 年 3 月 30 日引咎辭職，
史稱東京事件（Affaire du Tonkin）。此東京（Tonkin）是在中南半島，非日本東
京（Tokyo）。

孤拔

阿闒阿梅代・龐斯柏・庫爾貝
・納托 Anatole-Amédée-Prosper
Courbet・法國海軍將令身中
國史料上稱之為「孤拔」曾遠
征越南・促成法屬印度支那
的建立・清法戰爭期間・擊敗
閩海水師・一　　度進佔基隆・
後病逝　　　於澎湖
媽宮

Amédée Courbet
1827－1885

第一次在歷史課本上看到這個名字的時候，覺得很特別，怎麼會有人姓孤？多年後在澎湖馬公看到他的墓碑，才知道這位客死他鄉的法國將領跟台灣的淵源如此之深。

沈葆楨

沈葆楨(1820-1879)大清帝國福建省侯官縣人，是「同治中興」洋務運動的重臣之一。1874年牡丹社事件之後，清廷派為欽差大臣，走台辦理海防及各項現代化建設

買了些大砲和火藥槍械，發了些地方土方營造工程，也許還會有些回扣，大清官員不都是如此嗎？

左宗棠

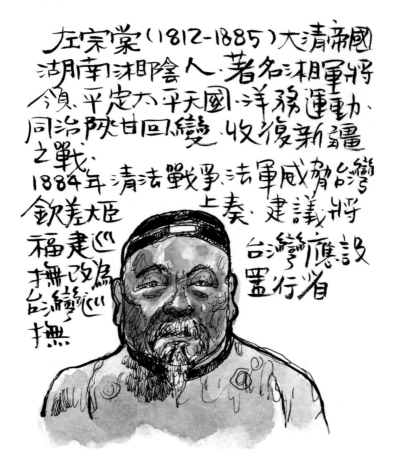

左宗棠（1812-1885）大清帝國湖南湘陰人·著名湘軍將領·平定太平天國·洋務運動·同治陝甘回變·收復新疆之戰·
1884年清法戰爭·法軍威脅台灣
欽差大臣
福建巡
撫改為
台灣巡
撫
上奏·建議將
台灣應設
置行省

左宗棠跟台灣的關係不只是有湘菜餐廳賣左宗棠雞而已。

劉銘傳

劉銘傳 Liu Mingchuan
(1836-1896) 大清帝國安徽合
肥人、淮軍將領、淮軍骨幹
台灣建省首任巡撫.

清法戰爭落幕後，大清帝國於1885年決定在台灣建省，劉銘傳便成為其首任巡撫。
然而在改制的過渡期間，巡撫劉銘傳與原任按察使銜分巡台灣兵備道（台灣道），
即台灣的實際統治者劉璈（湘軍出身）之間權責歸屬不明，加之保台戰功之爭深化
兩人間的派系矛盾，終於演變成二劉間的政爭。撫道之爭雖以劉銘傳的政治勝利告

「台灣省」成立、巡撫劉銘傳
近代改革台灣（1886～90年）
① 清大土地
② 清賦
③ 建設「西學堂」施行近代教育
④ 近代練兵

終，劉璈獲罪被流放，但過程中涉及冒功、誣告劉璈，給劉銘傳的官聲及在台治績蒙上了陰影。

劉銘傳建設台灣是為了大清帝國自強洋務運動中國防的一環，無可否認對台灣的現代化起了一個頭。然而在黨國機器吹捧下，對劉銘傳的造神已經太超過了！

劉璈

劉璈（？-1889）大清帝國湖南岳陽臨湘人，清法戰爭因戰功任台灣道道臺。劉璈為台北城實際建造者。後因政敵劉銘傳之誣陷參劾，流放黑龍江。後人稱劉璈是台灣在大清帝國治理下治績最著的官員。

光緒 7 年（1881）貴州巡撫岑毓英調任福建巡撫，任務為「渡台籌邊」，於是對台北府建城之事轉趨積極，岑毓英「親臨履勘，劃定基址」。光緒 8 年（1882）1 月 24 日，台北城正式興工。同年 5 月，岑毓英奉調署理雲貴總督，台灣事務遂交由台灣道劉璈負責。

劉璈巡視台北城基後，推翻前人的規畫。劉璈專精堪輿風水之學，又有修築恆春城的實務經驗。他認為岑毓英城基規畫不妥，將使台北城「後無祖山可憑，一路空虛，相書屬五凶」。於是劉璈乃更改城基方向，將整座城廓向東旋轉十三度，使北城牆後方有七星山可作為倚靠，台北城的城座方向變為向東北、西南傾斜。台北城完工後，一百多年來，作為台灣政治、經濟、文化中心的地位始終屹立不搖。光緒 10 年（1884）11 月，台北城完工。城牆周徑一五〇六丈，壁高丈五，雉垛高三尺，城牆上路寬丈二，可容兩馬並轡而行。開五城門，分別為東門（景福）、西門（寶成）、南門（麗正）、北門（承恩）、小南門（重熙），建城石材則取自大直北勢湖。這座城，經歷沈葆楨、林達泉、陳星聚、岑毓英等的倡議及規畫，最後完成於劉璈之手。

台灣的第一條鐵路

台灣的第一條鐵路

1887年春.劉銘傳正式主持修建台灣鐵路.工程設計十採英國標準.1887年3月.從大稻埕往基隆開始動工.幾個月後往南的鐵路也開始修建.1891年秋台北基隆段完工. 1893年台北新竹也完工.基隆到新竹共設15站

(1891完工) 32km

(1893完工) 67KM

基隆
水返腳
大稻埕
台北
板橋
桃園
鶯歌
中壢
楊梅
湖口
竹北
新竹

〇‧八公里的鐵道之父？

劉銘傳所建的是台灣第一條鐵路是事實，但是 1895 年日本殖民政府開始著手統治後才發現，這條路線標準混亂，極不理想，數座大橋又屢修屢壞，所建的鐵路之軌道材質、設計施工，均不符使用需求。日本當局即著手一連串改線工事，最終一百零六公里的鐵路拆除後只剩〇‧八公里可用。

日本人在台灣蓋的縱貫線加上屏東線、台東線（窄軌）及宜蘭線，長達七百四十公里的主幹線。另外台灣四大製糖會社（台灣、鹽水港、大日本、明治），各自鋪設糖廠專用鐵道，總長超過三千公里，遍布於西部山岳、海岸和中南部地區。其他像是阿里山的高山林業鐵路，基隆與高雄的港口鐵路，高雄的「哈瑪星」漁業鐵路（日語「濱線」），還有鹽業鐵路、煤業鐵路等，鐵路總長五千公里以上。

劉銘傳撫番

1885年台灣建省，劉銘傳為首任巡撫其撫番政策是以慘無人道的武力討伐，原住民不是被滅族就是逃入深山

開山撫「番」，雄鎮蠻煙。

施九緞事件

1888 年發生於彰化的重大民變,起因為土地丈量引發的民怨,浸水莊地主施九緞自稱「公道大王」,率領民眾包圍縣城,後由林朝棟指揮平定。

沈應奎

光緒 15 年（1889），因巡撫劉銘傳保舉，接替邵友濂，署任台灣布政使，隨即正式任職。劉銘傳辭官後，沈應奎任代理巡撫一年，後回浙江家鄉。

劉銘傳（第一任巡撫）：1885 年 9 月 10 日—1891 年 2 月 27 日

沈應奎（以台灣布政使代巡撫）：1891 年 2 月 28 日—1891 年 10 月 15 日

邵友濂（第二任巡撫）：1891 年 10 月 16 日—1894 年 9 月 15 日

唐景崧（第三任巡撫）：1894 年 9 月 16 日—1895 年 3 月 23 日

邵友濂

邵友濂（1840-1901）大清帝國浙江餘姚人。1891年接任第二任台灣巡撫，一到任就處處撤廢劉銘傳「新政」設施，中止鐵路建設，廢「煤務局」、「礦油局」、「番學堂」，劉銘傳之「新政」宣告結束！

邵友濂出任台灣巡撫期間，任內設台灣省通志局，修建省後台灣通志。移雲林縣治至斗六門（今斗六市），原縣治林圯埔（今竹山鎮）設分防縣丞。設台北府南雅理番捕盜同知。邵友濂停止絕大部分劉銘傳時期的新政建設，廢止煤務局、礦油局、番學堂等建設，並明訂以台北為省會。

雖然邵友濂停辦新政的舉措，長久以來被解讀為其目光淺短。但邵友濂暫緩新政建設與措施，的確讓台灣嚴峻的財政問題及原住民被迫害至反抗的問題獲得喘息。且將省會遷移至台北的政策也進一步改變了台灣自古以來南重北輕的狀態，對日後台灣的發展產生重大影響。

甲午戰爭

甲午戰爭，日本稱日清戰爭，國際通稱第一次中日戰爭（First Sino-Japanese War），是大清和日本在朝鮮半島、遼東、山東半島及黃海等地進行的一場戰爭。1894 年（清光緒 20 年）按照中國干支紀年，時年為甲午年，故稱甲午戰爭。豐島海戰是戰爭爆發的標誌。最終大清戰敗，並於 1895 年和日本簽訂《馬關條約》。

北洋艦隊的忍辱求和之路

1895年3月19日，李鴻章攜帶全權委任狀，乘坐德國商船「公義號」，抵達赤間關馬關港（今下關港）隨後與日方全權代表伊藤博文展開和談，地點為著名河豚料理店"春帆樓"

北洋水師，又稱北洋艦隊、北洋海軍，是大清帝國建立的近代海軍艦隊，在 1888 年 12 月 17 日，於山東威海衛劉公島正式成立，一度為規模世界第八、亞洲第一的海軍艦隊。然而軍事預算遭清宮廷擠壓，到了中日戰爭時，除噸位外，已經全面落後，最終在黃海海戰中潰不成軍。

馬關條約

日本代表伊藤博文和清國代表
李鴻章談判「馬関條約」成立
台灣被出賣 春帆楼（1895年）

本州

下関

馬関條約
第二條
二．台灣全島
及所有附屬
各島嶼永久
割讓日本
三．澎湖列
島永久
割讓
日本

九州

1895年台灣命運從此改寫，然而台灣島上的人卻完全置身事外，渾然不知。

李鴻章

李鴻章 Li Hongzhang
(1823－1901) 大清帝國安徽合肥
人 晚清重臣 武裝淮軍創建者
經歷太平天國 捻軍 洋務運動
清法戰爭 甲午戰爭 義
和團之亂.

日清之戰戰敗後在各方指責之下，原本紅極一時，堪稱疆臣首領的李鴻章，亦從此不再有以前的風光。慈禧太后六十大壽之日，破格賞予李鴻章漢人唯一的「三眼花翎」（原只有滿族宗室貝子或以上貴族獨有，曾國藩亦只獲授雙眼花翎）。甲午兵敗後，李鴻章之三眼花翎被褫奪。不久，由於日本拒絕張蔭桓和邵友濂為談判代表，李氏不得不受命赴日本講和，在赴馬關前向朝廷要求，而再獲三眼花翎。

下關春帆樓

改變台灣命運的春帆樓"是專賣河豚料理的
旅館,河豚有劇毒、豐臣秀吉曾下令禁止食用.1888
年伊藤博又在春帆樓嚐到河豚美味而下令
開放.成為日本第一家合法販賣河豚的餐廳
伊藤博文選擇在此簽約.別有含義

春帆樓只是李鴻章的傷心地,卻是台灣人的斷魂處。

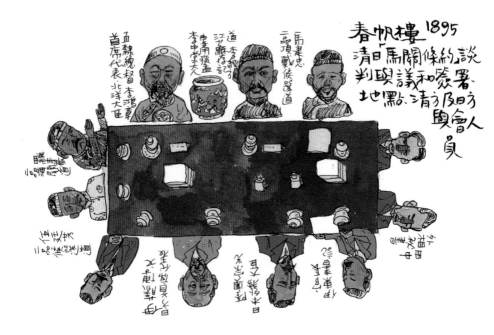

歷史就像一幕幕的舞台劇。回顧 1895 年下關春帆樓，羽扇綸巾、口沫橫飛之間，台灣澎湖成為桌上魚肉，任人宰割。出場演出盡是日清當時檯面上最重要人物，最搶戲的竟是李鴻章身旁那尊並置的青花瓷痰盂。

李鴻章遇刺

1895年3月24日李鴻章乘坐轎子離開春帆樓途中，被刺客小山六之助開槍擊中左臉，血染官服，當場昏厥，所幸未擊中要害，李鴻章迅速康復。

小山六之助這一槍，反而讓老奸巨猾的兩隻老狐狸伊藤博文和李鴻章，在冗長談判過程中的強弱氣勢完全翻轉，讓早已毫無籌碼的清國代表團忽然撿到了救命鬼牌。因為大清帝國的外交電報密碼早被日本人破解，一路被押著打的李鴻章竟然在刺殺事件後，奸笑著撫著皮肉傷，興奮大呼：「這槍真的價值連城！」

「鳥不語，花不香，男無情，女無義」，誰說的？

「鳥不語，花不香，男無情，女無義」，相傳是大清帝國直隸總督北洋大臣李鴻章對台灣所做的評語，並被刊登至當時的報紙副刊，之後被廣泛引用。然而在現有清朝官方奏摺檔案、私人文稿函電及中日雙方甲午戰後談判文獻中，均未能見到李鴻章發表這段評語的文字記錄。

光緒皇帝

戊戌變法，又稱百日維新，
是清光緒二十四年（1898年6月11～9月
21日）的短暫政治改革運動。變
法由慈禧太后默許，光緒主導
，希望大清帝國走向君主立憲的
道路。因改革過於
激烈，引起
保守勢力反
撲，103天的
改革終告失敗

大清帝國第11任
光緒帝
1871～1908

那年簽訂《馬關條約》，光緒皇帝才二十一歲，他怎麼想？

1895 年 4 月 22 日，康有為、梁啟超寫成一萬八千字的《上今上皇帝書》，內地十八省與中國東北舉人接連響應，總共有一千二百多人連署。

同年 5 月 2 日，由康、梁二人帶領，各省舉人與數千北京官民集於都察院門前請代奏光緒帝，表示反對《馬關條約》。

溥儀

溥儀(1906-1967)清兵入關之後第十個皇帝·也是大清帝國最後一個皇帝·三歲即位·由叔父攝政·辛亥革命後·被袁世凱逼迫退位·稱宣統帝·1917 短暫復辟後·被日本帝國扶持建立 滿洲國·年號康德·
1945年 滿洲國 滅亡

「末代皇帝」溥儀在 1908 年 12 月 2 日登基，年僅三歲。看似躍登皇位，溥儀的一生卻墜入無盡的悲哀。
皇帝、戰犯、園丁的悲劇人生。
歷史上唯一一位「被離婚」的皇帝。
溥儀是全世界唯一一位即位三次和退位三次的皇帝。

袁世凱

袁世凱 Yuan Shikai
(1859-1916) 中國河南項城人
清末民初軍事及政治人物，曾
做過大　　清帝國內閣
　　　　　總理大臣
　　　　　中華民國
　　　　　臨　時大
　　　　　總統 1916
　　　　年元旦自封
　　　　中華帝國皇
　　　　帝，改元洪憲
　　　　3月宣佈撤
　　　　　　銷帝
　　　　　　　制

創建中華民國的「國父」袁世凱：中華民國第一任總統，中華帝國皇帝。

最初，他被中國人民稱為「中國華盛頓」、「締造共和的英雄」、「中國共和之父」。是袁世凱「要」清朝皇帝退位的，所以清朝並非被孫中山這些人所「推翻」。當時袁世凱可以選擇當「清國中興名臣」或「中華民國國父」，顯然袁世凱選擇後者。而大家會有所謂他們國民黨的「黨父」變成「國父」的「國父孫中山推翻了滿清」的強殖印象只是如納粹德國宣傳部長戈培爾（Joseph Goebbels）名言：「謊言講一千遍就會變成真理」，當然加上國民黨強大藍色媒體、歷史教科書與各類「中華民國在台灣」學測與公務員考試會考的效果。

名聲太差，投機性太強，野心又大的袁世凱才是真正創建中華民國的「國父」（雖然國民黨人打死也不承認），只有他才能決定 1912 年 1 月 1 日有沒有中華民國的誕生。

十日總統：唐景崧

唐景崧 Tang Ching-Sung
(1841-1903) 大清帝國政治人物
1895年台灣割讓日本,時任
巡撫,被推舉為台灣民主國
總統,5月25日就大任,年號永清
6月2日,日軍攻破基隆
,唐景崧
逃至滬
尾,後
乘德艦
Arthur
逃回
廈門
唐逃走時,
台灣民主國
尚不足十日

1895 年 5 月 25 日，創立「台灣民主國」，公推時任台灣巡撫唐景崧為總統。但建國四天後，李鴻章之子李經方在三貂角外海的「西京丸號」上，與首任台灣總督樺山資紀完成了台灣割讓的交接儀式。6 月 3 日，日軍未發一槍一砲，迅速攻取基隆制高點獅球嶺砲台。唐景崧急召中部各軍馳援，但遠水近火，各軍不至。眼見日軍迫近台北，4 日，唐景崧在職十天之後，以視察前線之名，喬裝成阿婆乘德籍運煤船棄職逃至廈門，因此被戲稱為「十日總統」。

丘逢甲

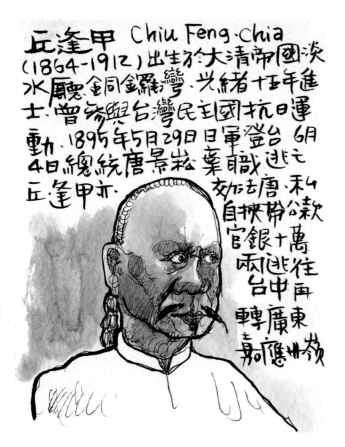

丘逢甲 Chiu Feng-chia
(1864-1912) 出生於大清帝國淡水廳銅鑼灣，光緒十五年進士，曾參與台灣民主國抗日運動，1895年5月29日日軍登台 6月4日總統唐景崧棄職逃亡 丘逢甲亦 效法唐、私自挾帶公款官銀十萬兩逃往台中再轉廣東嘉應州蕉嶺

用詩愛台灣的丘逢甲。

「宰相有權能割地，孤臣無力可回天；扁舟去作鴟夷子，回首河山意黯然。」愛台詩人寫完感人的詩，仰天長嘯，槍聲已近，我就先告辭了，錢我也順便帶走，保重！台灣同胞！

1895年6月3號，當日軍已佔領雞籠，唐景崧催促在中部的丘逢甲、楊汝翼等人率軍北上赴援時，丘逢甲等人都躊躇不前。對照丘逢甲曾經激昂慷慨的文詞：「臣等桑梓之地，義與存亡，願與撫臣誓死守禦。設戰而不勝，請俟臣等死後，再言割地。」「如日酉來收台灣，台民惟有開仗。」真是大言不慚。這位發誓要「誓死守禦」的丘逢甲，始終未曾與日軍開戰過，就連夜帶著軍餉逃回真正祖國。

台海登船臨檢

1895年台海登船臨檢事件
1895年10月21日，英籍商船 塞里斯輪〈Thales〉於距中國廈門 15海浬 遠的台灣海峽公海上，遭日本海軍"八重山"巡洋艦喝令停船，並上船于搜捕 已化裝成老太婆的台灣民主國第二任 總統劉永福乃女隨從，後演變成英日外交事件

Madam don't worry

「台海登船臨檢事件」發生於 1895 年 10 月 21 日，英國籍商船「塞里斯輪」（Thales）於距離中國廈門港十五海里遠的台灣海峽公海上，遭日本海軍艦隊扣押，而其扣押理由是為了搜捕台灣民主國總統劉永福。

該事件經英國駐日公使向日本明治政府提出嚴重抗議後，日本政府與軍方立即鄭重向英國致歉。

台灣民主國

藍地黃虎旗，玩假的建國？

台灣民主國制定藍地黃虎的「黃虎旗」為國旗、刻有「民主國寶印」文字的國璽，以及建年號為「永清」，台北為首都。台灣第一富豪林維源，雖被推為國會議長，但堅持婉拒，在獨立慶典的第二天就潛逃至廈門。

1895 年曇花一現的台灣民主國是為了引起國際社會牽制日本統治而建立的，由年號定為「永清」，便可看出其本質上奉清廷為宗主。台灣民主國的合法性並沒有得到大清帝國外的任何國家承認。

台灣民主國郵票
士担乐/STAMP

黃虎印

藍地黃虎旗

每一個出現在台灣的政權,從視覺形象設計上來說,最短命的台灣民主國是我心目中第一名,最具台灣特殊的色彩與造型。最醜惡最沒營養的就是那顆藍色的國民黨黨徽,腐蝕殘害了台灣人近百年的美感心靈。

林本源家族

1787年

林爽文事件發生之後，台灣島上物價暴漲，經營米業及塩業的林平侯因糴米致富。後人即為林本源家族（板橋林家）

世界上很多富可敵國的家族都是從戰爭中崛起的，台灣的五大家族更是如此。

林維源

林維源（1838-1905）台灣台北板橋人。林維源與兄長維讓為板橋林家第四代、將林家聲勢推到最高峰。林家花園亦在其手中完成。馬關條約割台台灣民主國成立。被推禍國會議長、但不就、五月十三日率全家逃往廈門

官至二品京官、為清治時代台灣人擔任最高文官

1895年台灣民主國成立後，因被推為國會議長而避走廈門，就未再參與官家事務。甲午戰爭後日本政府曾因台灣管理經費巨大，伊藤博文打算把台灣賣給法國，林維源率領台灣百姓欲籌金贖身，清政府卻極力阻撓。後林維源於福建廈門隱居直至逝世。

劉永福

劉永福 Liu Yongfu
(1837-1917)
大清帝國廣東欽州人，清勇
將領，1895年台灣割讓後，
擁立巡撫唐景崧為台灣民
主國總統，自稱大將軍，唐逃
回大清後，繼任總統，當日軍
兵臨城下，亦變裝
潛逃回廈門

阿婆仔浪港

劉永福最初是太平軍的將領，太平天國運動失敗後盤據清越邊境。後受越南阮朝招安，並獲封官職，參與越南抗法運動，成為清法戰爭期間的一支重要勢力。越南淪為法國殖民地後退入大清境內，成為清勇將領。1894年調赴台灣協防。1895年5月25日清朝把台灣割讓給日本後，劉永福不願意投降，便擁立巡撫唐景崧為台灣民主國總統，自稱大將軍。同年6月唐逃走後，劉在台南自立為第二任大總統。乙未戰爭失利之後，棄城渡海逃回大清帝國。

蘭芳共和國 1777-1884

蘭芳共和國(1777-1884)另外稱
蘭芳公司·蘭芳大統制共和國
由海外客家人在婆羅洲創立
的亞洲第一個共和國·第一任
總制為陳蘭伯·第二任為羅
芳伯·因此 稱為蘭芳
共和國·1884
年為荷蘭
殖民者所
滅亡·共存
在一百零
七年

LANFANG REPUBLIC

黨國集團編的歷史課本上說，1911 年孫文創立了亞洲第一個民主共和國，這是吹牛的，至少有兩個排在他前面的民主共和國，而且很前面。一輩子如果只念了黨國的歷史還深信不疑的，就變成井底蛙族了。

蝦夷共和國

蝦夷共和國，1868年12月幕府末時代由新選組和部份江戶幕府勢力在北海道箱館（今函館）成立的政權。是亞洲最早透過選舉制度組織政府的共和國。1869年明治政府討伐，蝦夷共和國敗。

·成立僅125天、也代表幕末內戰「戊辰戰爭」結束

榎本武揚
えのもと　たけあき
1836-1908
蝦夷共和國總裁

這個共和國還有選舉制度，比蘭芳共和國接近現代民主共和國，跟晚三十三年成立的台灣民主國相比，他們是玩真的。台灣民主國雖存在五個月又十五天，壽命長一些，但比起其他兩個老前輩，至少沒有連續兩任總統和內閣總理，國會議長陸續捲款落跑的鬧劇。

朝鮮局勢 1894

1894 年的朝鮮，命運夾在積弱不振的大清帝國與傳統強國俄羅斯與新興強國大日本帝國之間，處境實在非常艱難。

東學黨之亂

東學黨之亂　1860年草朝鮮
동학희 명　朝鮮的西放明
號為的總治會官

崔濟愚倉位東學教，以對抗傳入
並致力幫助窮困農民爭取權益。
行吏和伝儕行洋人1894年1月11日全
琫準率領農民軍隊在
全羅道古阜郡起兵
國王李熙恐慌，向北京
告急。

韓國東學黨的主張其實很像義和團，可見在那個時代，西方帝國主義及向西方學習的日本帝國主義對第三世界的壓迫與侵略的力道有多強。

第五章

大日本帝國　1895-1945

日清戰爭

甲午戰爭（日本稱之日清戰爭）
1894年（清光緒二十年）7月25日的豐島海戰爆發為開端
到1895年4月17日「馬關條約」簽字結束，這場戰爭北洋
水師全軍覆沒告終，大清帝國簽下了喪權辱國的不平等
條約，台灣及澎湖
群島永久
割讓

1894年英國政
治漫畫「小日本
打敗大清國」
此圖臨摹再繪

DESSIN POLITIQUE
BRITANIQUE DE 1894
le«petit»japon
triomphe de la grand
chine

1894 年的世界局勢仍然混沌不明，但西方國家在日清交鋒的煙硝迷霧中，依舊相
信這亞洲小國日本是絕不可能打敗大清帝國的。

陸奧宗光

陸奧宗光 むつむねみつ
Mutsu Munemitsu
(1844-1897)
日本明治時代的政治家和外交官，有剃刀大臣的外號，1895年他與伊藤博文作為日方代表與大清帝國政府簽署馬關條約

1892 至 1896 年，他出任第二次伊藤博文內閣之外交大臣。1894 年，他負責與英國簽署《日英通商航海條約》，成功廢除了西方國家在德川幕府時期對日本所訂下的不平等條約與治外法權。中日甲午戰爭時，他在日本的外交政策方面扮演重要角色，主張與中國一戰，史稱「陸奧外交」。1895 年 4 月，他與伊藤作為日方代表，與中國清政府簽署《馬關條約》。

伊藤博文

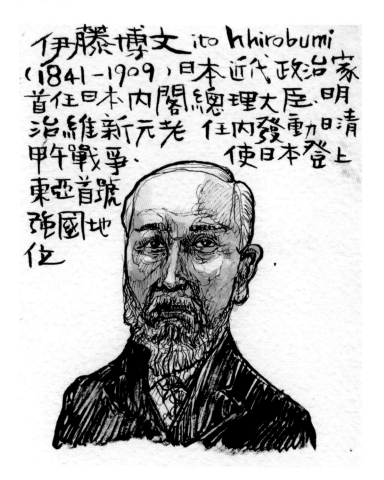

伊藤博文 ito hhirobumi
(1841-1909) 日本近代政治家
首任日本內閣總理大臣·明
治維新元老 任內發動日清
甲午戰爭、　　使日本登上
東亞首號
強國地
位

1885 年 12 月根據他的建議廢除太政官制，實行內閣制，出任首屆內閣總理大臣
兼宮內大臣，並開始起草憲法的任務，被譽為「明治憲法之父」。

1894 年，伊藤博文參與策畫了日本對李氏朝鮮王國的侵略和中日甲午戰爭，戰後
代表日本與清朝簽訂《馬關條約》，將台灣和澎湖納入日本版圖。

1898 年，清國戊戌變法時前往北京訪問，面見光緒皇帝和康有為，提供改革方針。
西太后發動政變，大肆逮捕維新黨，博文遂參與救援被捕的黃遵憲，並協助戊戌六
君子之中的康有為和梁啟超逃往日本。

西京丸號上點交台灣

1895年6月2日，交割台灣全權大臣"李經方"在三貂角外海的日本輪船"西京丸"上與日本派任第一任總督樺山資紀海軍大將簽署"交接台灣文據"文件規定"台灣全島、澎湖列島之各海口及各府縣所有堡壘、軍器工廠及屬公物件"全部交給日本。

李經方 1855-1934
李鴻章嗣子、長期任
李鴻章秘書兼翻譯.

1895 年，李經方偕同父親李鴻章赴日，代表清政府簽訂《馬關條約》，為「交割台灣全權大臣」。6 月 2 日偕同翻譯盧永銘、陶大均在基隆三貂角外海的日本輪船「西京丸號」上，與日本政府派任第一任台灣總督樺山資紀海軍大將簽署《交接台灣文據》。樺山曾問經方「為何不上岸簽署」，經方表示「台灣人非常憤慨，怕被暗殺」。

山雨欲來風滿樓

日本陸軍大將樺山資紀及日本皇族北白川宮能久親王,率領大軍集中於雞籠港外,即將侵佔台灣

日軍即將登陸,台灣民主國的領導者紛紛祕密安排逃竄之路,也將金銀珠寶裝箱打包……

Bye Bye! Taiwan

台灣有難時，二話不說，馬上落跑。從歷史去檢驗，會與台灣共存亡的人，祖國就是台灣。

登陸澳底

1895年5月·日本皇族北白川宮率領日軍
登陸澳底·直搗雞籠

雞籠

台北

澳底

北白川宮

澳底有個抗日紀念碑。但是當時近衛師團登陸上岸時,可沒有任何抵抗的跡象,清國士兵早早就夾著卵葩開溜了。

日本人來了

1905年日俄戰爭結束，日本取得勝利，令世界震驚。日本經明治維新一躍成為了強國。法國畫報上刊登之漫畫為"日本人來了！"

日俄戰爭的意義還在於：這是首次由一個亞洲的小國家打贏了歐洲的大國。它向全世界的人們證明了歐洲並不是堅不可摧、神聖而不可打敗的。所以從這個角度來說，這次戰爭是非常重要的里程碑，是亞洲國家崛起的序幕，也是亞洲逐漸趕超歐洲的開端，這個變化讓世界都受到了劇烈的震撼。當然，儘管日俄戰爭的意義十分深遠，它對中國的危害卻是非常大的，在這場戰爭中，中國只是作為一個被侵略國家存在，連中立的權利都沒有，這也是當時中國的悲哀。

辜顯榮

辜顯榮 KOO HSIEN-JUNG
(1866-1937) 台灣彰化鹿港人
日本時代商業鉅子 以甲午戰爭
後代表艋舺紳士紳迎接日本軍
人進入台北 城而闘名
其家族被 稱為「台灣
五大家族」
之一的
「鹿港辜家」

辜顯榮是出生於現今鹿港的一名浪人，因不容於左鄰右舍，轉而浪跡於台北，當一名苦力轎夫。明治 27 年時，日軍即將來台，辜顯榮見時局將亂，自稱要擔當防衛日軍的先鋒，以取得錢糧餬口過日。

求見日軍

「日本上山兵五萬，看見姓辜行頭前，歡頭喜面到台北，不管院娘舊親情」──日治時代民間歌謠

1895年台灣民主國在大總統唐景崧潛逃之後瓦解，台北城內亂兵、遊民四處騷擾劫掠，艋舺仕紳商賈推「瑞昌成號」店主辜顯榮前往水返腳（汐止）呈遞文書，促請日軍進城維持秩序。

（1895年6月11日，日本軍進入台北城）

日軍登陸基隆澳底，台灣民主國總統唐景崧棄台北城遁逃，辜顯榮洞察先機，通知七十餘名同黨外出偵察敵情，他則單獨前往基隆求見日軍。水野遵民政局長予以接見時，辜顯榮要求日軍火速前往台北城。四天後，日軍順利的「不流血」進入了台北城。之後，他又向日軍提供一份土匪名單，結果他同黨七十餘名部下都被日軍以「土匪」罪名逮捕斬首。辜顯榮是協助日軍佔領台灣的第一個台灣人。明治28年（1895），他以台灣紳士的名義，跟水野局長到東京受警界人士接見，並授與他勳六等，蒙受破格的光榮，次年又被任命為台北保良局局長。

1896 乙未戰爭

台灣人的「義民軍」台灣子弟兵，抗拒日本軍侵佔台灣

一群又一群正港台灣人以鮮血保衛家鄉的戰爭。

林少貓

林少貓
(1865-1902) 又名林義成·大清帝
國鳳山縣港西下里萬丹街竹篙
簥人、日本治台初期抗日領袖
初受招降　1902年遭偷
襲殺害

林少貓的評價不一：台灣總督府認為他劫掠平民，稱其為「盜匪」；國民黨政府則認為他是「抗日烈士」。

簡大獅

簡大獅 Kán Tōa-Sai
(1870-1900)台灣台北滬尾人.
日本時代抗日領袖.因一再抗日
逃到福建.卻被清廷出賣
押回台北處決

簡大獅處刑後,許多人為其悲傷,進士錢振鍠賦詩輓之:「痛絕英雄瀝血時,海潮山湧泣蛟螭,他年國史傳忠義,莫忘台灣簡大獅。」

欲想抗戰唯有台灣人耳

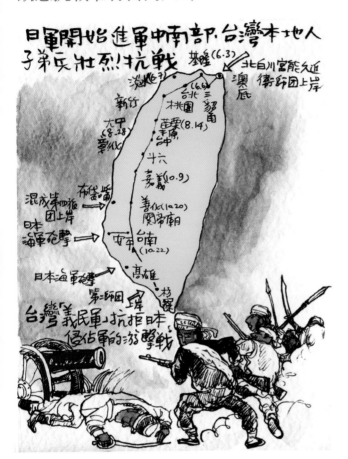

當日軍混成第四旅團從布袋嘴登陸，第二師團第三旅團也從枋寮相繼登陸，於是日軍再從南北並進，台南遂告急。劉永福見日軍來攻，無心守台，乃暗通日軍。先在10月8日透過台南英國領事歐思納致函樺山總督，提出議和兩條件。樺山將信交予高島南進軍司令官處理。高島司令官回信給劉永福表示：「汝若發自內心悔悟，有誠意投降，必須赴軍門哀求，否則日後再送來這種書信，本司令官絕不接閱」，加以拒絕。

劉永福又在12日透過住在台南的一名英國人致函近衛師團司令北白川宮云：「欲想抗戰唯有台灣人耳」，他表示要投降並率領殘部退回中國。但日軍司令官北白川宮也是不答應，於是他竟然決定將多年生死與共的袍澤弟兄拋棄，獨自潛逃。

巴克禮見乃木

1895年10月20日·台灣民主國第二任總統劉永福逃回清國·台南士紳懇請巴克禮·宋忠堅牧師向日軍南進軍司令部將領乃木希典交涉·由府城小南門進城·保全了五萬台南府城人免受屠殺

畫家小早川篤四郎
1935年所繪巴克禮博
士一行人與日軍將領乃木希典交涉

1895 年，清帝國將台灣割讓日本，由於日軍逼迫澎湖傳道師林學恭為登陸台灣開路，引發麻豆居民誤會，認為基督徒與日軍勾結，麻豆教會因此有十九人遭殺害，後來陸續還有其他教會基督徒遭到殘殺。麻豆事件過後六天，府城的仕紳懇求巴克禮（Thomas Barclay）前往與日軍交涉，避免日軍武力屠城。在此敏感時刻，巴克禮仍以無畏的勇氣擔起重任，轎夫因為害怕而拒絕抬轎，巴克禮於是帶著請願書徒步前往交涉，同行的還有數名牧師、基督徒及護衛。他在凌晨三點終於見到乃木希典將軍，日軍允諾和平進城，免去一場災禍。巴克禮也因此事獲得日本政府授予勳章，府城居民亦贈送卷軸表達感謝。

北白川宮能久親王

北白川宮能久親王
Kitashirakawa-no-miya-Yoshihisa
-shinnō（1847－1895）
日本皇族・日本帝國軍人・曾赴普
魯士學習・任中將近衛師團・
乙未戰爭攻台時死亡・追贈
中將・

台灣民間多傳說北白川宮能久是在台遭義軍伏擊而死，真實情況如何，眾說紛紜。
但根據日本官方記載，能久親王係在攻台之役命喪於霍亂，在相關的記載裡，乙未
攻台之役，日軍確有不少罹患霍亂的情形。

六氏先生事件

台灣總督府於芝山岩山頂設立「學務官僚遭難之碑」,並由日本內閣總理大臣(首相)伊藤博文親擬碑文及篆字。該碑文為:台灣全島,歸我版圖,革故鼎新,聲教為先,正五位楫取道明等六人,帶學務,派八芝蘭士林街,專從其事,會土匪蜂起,道明等死之,時明治29年(1896)1月1日也,內閣總理大臣大勳位侯爵伊藤博文書。

住民去就決定日

住民去就決定日（日本政府給台灣人選擇國籍，而且有2年的時間）
根據1895年4月17日「馬關條約」第五款　的機會
本約互換批准之後，限二年之內，日本准清國讓予地方人民願遷居讓與地方之外者，任便變賣所有產業退去界外，但限滿之後尚未遷徙者，酌宜視為日本臣民。
條約於1895年5月8日生效。亦即1897年5月8日為選擇大日本帝國國籍或離境的最後期限

根據當時的統計，最後選擇離開台灣的共有6456人，當時台灣總人口數為250萬人~280萬

1895 年有多少人選擇離開台灣呢？根據統計，當時選擇離開台灣的約有六千人，只占台灣人口的 0.25%，大部分是在海峽對岸有財產的士紳階級。
「住民去就決定日」，讓台灣人可選擇離開或留下。無論是不想走或走不了，在 1897 年 5 月 8 日之後，留下來的台灣人，就被認為是同意接受日本的殖民統治。

台灣賣卻論

日治時期的第一段時期，自 1895 年 5 月的乙未戰爭起，一直到 1915 年的西來庵事件為止。在此約二十年內，以台灣總督府與日軍為主的日方統治，遭遇台民頑強的抵抗。除犧牲慘重外，也招致國際社會的嘲笑，因此曾經在 1897 年的國會中，出現「是否要將台灣以一億日元賣給法國」的言論，稱為「台灣賣卻論」。

大正天皇

大正天皇(1879-1926)，1912年接任明治天皇，成為大正天皇。後因患腦病1921年(大正十年)由皇太子裕仁親王攝政。1926(大正十五年)駕崩。終年47歲。在位五月間因歐戰結束，民族自決浪潮興盛，民主自由氣息濃厚，這一時期被稱「大正民主時期」。林獻堂也在此時發起民族議會的請願

大正天皇自幼多病，曾患腦膜炎留下後遺症，四十歲又患腦血栓，轉為精神病。病情發作時，天皇常常在大庭廣眾之前做出一些可笑的舉止，如在觀看軍事演習時，他會突然跑下檢閱台，一邊傻笑，一邊打開士兵的背包亂翻一通。又有一次，當他出席日本國會開幕式的時候，心血來潮，一邊傻笑，一邊把講演稿捲成圓筒，放在眼睛上，對著外國使節們亂照一通。政界元老感到不能再讓他大出洋相，丟日本人的面子，便於1921年決定由太子裕仁（後來的昭和天皇）攝政。

昭和天皇

昭和天皇(1901-1989)日本第124代
天皇(1926-1989)本名裕仁(ひろひと)
在位期間經歷第二次中日戰爭及
第二次世界大戰、1945年8月14日發表
「終戰詔書」宣佈無條件投降。
1989年1月7日去世·終年87歲·皇太子
明仁即位·改年號「平成」。昭和
時代結束

1923 年 4 月 16 日，應台灣總督田健治郎邀請以皇太子身分搭乘軍艦「金剛號」來台灣訪問十二天，以特造的台鐵花車作為交通工具，行程遍及基隆、台北、新竹、台中、台南、高雄、屏東以及澎湖等地。駐台日籍官員嚴陣以待，建立歡迎牌樓，在南北各地興建豪華行館，例如台北御泊所、台中御泊所、台南御泊所、高雄御泊所、草山招待所、北投御休所，還有太子未能造訪的金瓜石太子賓館、角板山貴賓館（太子樓）等，後來這些行館都受到妥善的保存及維護。

成立總督府

1895年6月14日、日本軍總司令樺山資紀、就任第一代台灣總督、並成立總督府於台北

日軍剛到台北城，是暫時使用大清帝國的布政使司衙門處辦公（原址為今中山堂）。

日本台灣總督

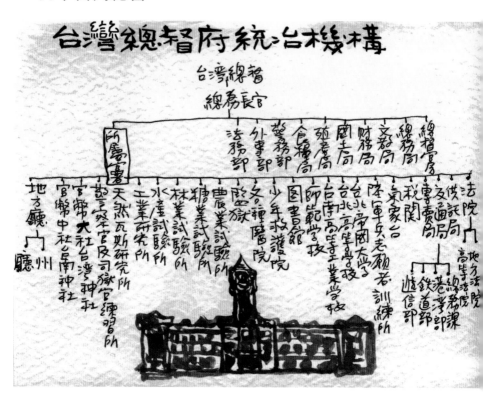

台灣總督是擁有行政權、軍事力量和立法權的絕對權力者。透過台灣總督府官署系統，日治時期的台灣總督幾乎掌控所有行政資源。此外，總督尚可隨意任命和左右法官、檢察官並鎮壓島內反對力量。雖說是以殖民心態經營台灣，但歷任總督或總督府官署系統中，仍出現不少稱職的技術官僚。因此，大日本帝國統治台灣的五十年之間，對於台灣整體環境，仍有一定的改善。

台灣總督府成立之初，設民政、陸軍、海軍三局。民政局下置內務、殖產、財務、學務四部。此外，乙未戰爭期間曾短暫命高島鞆之助為台灣副總督，高島也是為期五十年之台灣日治時期內的唯一副總督。1896 年，陸海軍兩局合併為軍務局。民政局則在原本組織下增設總務、法務、通信共七局。之後在 1898 年、1901 年皆曾修訂總督府官制，最後在 1919 年的最後一次修訂中，民政部（原民政局）被廢除，軍事部分也改由台灣軍司令官（直屬日本宰相、不隸於總督府）負責。而不管怎樣變動，約略來說，日治時期台灣總督府的行政組織分為直屬部局、所轄官署與

台灣總督
‧1895年台灣割讓日本‧由日本天皇指派來台灣的總督‧因擁有行政權‧軍事力量和立法權‧此外尚可隨意任命及左右法官‧檢察官並鎮壓島內反對勢力‧被稱為「土皇帝」
台灣人

地方行政三大部門。

日本在台灣統治了整整五十年，但在黨國造假扭曲的史書中，台灣進入現代化最重要的半個世紀卻彷彿蒸發了，依據 1895 年日清簽署的《馬關條約》開始到 1945 年二次世界大戰日本戰敗，放棄對台的殖民統治，日本派駐台灣的總督一共十九位，加上初期實驗性質的唯一一位副總督，一共二十位，依其對台統治原則來劃分為以下三個時代：前期武官總督、文官總督時代以及後期武官總督。

19 位總督中，第 2 至 5 任的桂太郎、乃木希典、兒玉源太郎、佐久間左馬太與第 11 任的上山滿之進皆出身原為長州藩的山口縣，也可以說幕府長州藩的後續勢力，一共統治台灣將近 21 年。

雖然在台日軍（第十方面軍）於 1945 年 10 月 25 日在台北公會堂向盟軍投降，但台灣總督府官制至 1946 年 5 月 31 日才正式廢止。

台灣總督列傳

樺山資紀 Kabayama Sukenori
(1837-1922) 第①任台灣總督
薩摩藩出身. 1895年被任命首任
台灣總督. 1896年卸任.

髙島鞆之助(1844-1916)日本鹿兒島
たかしま とものすけ 人. 陸軍將領. 薩摩
藩貴族出身. 台灣日治
時期唯一的台灣副總
督.

副總督一職
於1895年設置.
1896年廢止

桂太郎 Katsura Tarô
(1848-1913)長州藩出身.
第②任日本台灣總督. 三
度出任內閣總理大臣. 日本有
史以來任期時間最長的首相.
任內締結英日同盟. 進行日俄
戰爭. 並策
劃併吞朝
鮮.

乃木希典 Nogi Maresuke
(1849-1912) 第③任台灣總督.
1896年10月任台灣總督. 制定三段警
備法 確立「以台治台」策略. 1898
年離職. 多次參與日本內部及對外
戰爭. 在二
戰前. 與東鄉
平八郎 一起被
日本人奉為
軍神.

兒玉源太郎 Kodama Gentarō
(1852－1906) 第④任台灣總督
長州藩的支藩·德山藩出身·1898年
到任·實際負責台灣政務的是民政
長官後藤新平·此時期奠定台
灣現代化·般稱為「兒玉·後藤時
代」

佐久間左馬太 Sakuma Samata
日本第⑤任台灣總督
(1844－1915) 長州藩出身·任內對
原住民發動160多次的理蕃戰
獎勵力移民　爭·並有林
在花蓮港　杞埔事件·土
顧慮設吉　庫事件·被
野村·趣臣　稱為鐵血
田村·林　總督·1906
田村……　－1915 是任期
最長的總
督

安東貞美 Andō Teibi
(1853－1932) 第⑥任台灣總督
1915年以陸軍大將身份就任·
任內發生西來庵事件·台灣人第一
次以宗教力量抗日·亦是武力抗
日規模最大·歷時最久的一次
成立台灣勸　開始開發
業共進會·　太平山·八仙山
　　　　　及宜蘭線·
　　　　　屏東線的
　　　　　開工

明石元二郎 Akashi Motojiro
(1864－1919) 第⑦任台灣總督
1918年到任·創台灣電力株式會社·
唯一一位在任內逝世及葬於台灣的
總督

明石在日俄戰
爭中負責情報
活動·對日本
勝利的貢
獻

田 健治郎 Den Kenjirô
(1855~1930)日本第⑧任台灣總督
1919年任第一任文官總督·推內地
延長主義·即是同化政策·改革地方
制度為五州
二廳·通過
台日共學制度
任用八田與一
修建嘉南
大圳

內田 嘉吉 Uchida Kakichi
(1866~1933)日本第⑨任台灣總
督·任內發生壓迫台灣議会設
置請願運動·檢舉台灣議会
期成同
盟会英引譯
起「治事
件」

伊澤 多喜男 Izawa Takio
(1869~1949)日本第⑩任台灣總督
長野縣人·任內台灣青果株式
会社成立·東部鉄路全線開通
發生二林事件·農民運動

上山 滿之進 Kamiyama Mannoshin
(1869~1938)日本第⑪任台灣總督
山口縣人·任內蔣渭水組台灣民眾党
1928台北帝國大學設立·對原住民以
高砂族代
替蕃族之
稱

川村竹治 Kawamura Takeji
(1871-1955)日本第⑫任台灣總督
任內本兆園大圳開工·宜蘭·大湖
水溪治水工事重加工·設置高等警
察·取締
過激思想
1928年台灣
革命青年團
林勢騰等
11人以上違反
治安維持
法被判刑

石塚英藏 Ishizuka Eizō
(1866-1942)日本第⑬任台灣總督
福島縣人·有史以來第一位徒步登
上大日本帝國第一高峰新高山的
總督任內嘉
南大圳啟用·林獻
堂組台灣地
方自治聯
盟·1930
年發生震
驚日本的
霧社事件·
因處理不當
1931年引咎
辭職

太田政弘 Ōta Masahiro
(1871-1951)日本第⑭任總督
日本山形縣人·   台灣
霧社事件後接替石塚英藏·
但強行將原住民遷移至川中島
(清流部
落)引發
第二次的
衝突

南弘 Minami Hiroshi
(1869-1946)日本第⑮任台灣總督
富山縣人·是任期最短的總督
來台就任不到三个月就因内閣改
組 就回東京任遞信大臣

中川健藏 Nakagawa Kenzō
(1875-1944)日本第⑯任台灣總督
新潟縣人·台灣最後一任文官總
督·實施內台共婚法·日月潭發電
廠竣工·建設台北機場·1935年10
月舉辦始政四十年台灣博覽會·
同年11月實施 地方(市街庄)議員選
舉·台灣史
上第一次的
自治体選舉

小林躋造 Kobayashi Seizō
(1877-1962)日本第⑰任台灣總督·
廣島縣人·以皇民化·工業化·南進基
地化三原則統治台灣·設立官民合
營的台灣拓殖株式会社·廢台灣
報紙漢文版·
禁歌仔戲·
布袋戲·設
立國家公園
(大屯·次高太
魯閣·新高
阿里山)

長谷川清 Hasegawa Kiyoshi
(1883-1970)日本第⑱任台灣總督·
福井縣人·任1內組成「皇民奉公会」·
設台北帝国大学預科·1944年実施
徵兵制·

安藤利吉 Andō Rikichi
(1884-1946)日本第⑲任台灣總督·
宮城縣人·任內將台灣軍擴張
為第十方面軍·兼任第十方面軍司令
官·日本戰敗·
代表台灣總
督府向盟軍
軍向盟軍
投降·之後
被列為戰
犯·在上海
監獄中服毒
自盡

新高山命名

1897年6月28日·台灣最高峰被命名為「新高山」。
日治時期開始測量·發現玉山高度越日本第一高山富士山·因此
由拓殖省告示·將原本摩里遜山更名為新高山·意指日本領
土的最高峰。

明治 30 年（1897）6 月 28 日，明治天皇指示日本陸軍參謀本部，將台灣第一高山命名為「新高山」。公文由拓殖務大臣兼內閣陸軍大臣高島寄送當時的台灣總督乃木希典。

日治時期行政區劃

台灣日治時期的行政區劃,共計經歷十次的更動。從一開始 1895 年的三縣一廳,一直到最後 1920 年的五州二廳（1926 年增加澎湖廳變成五州三廳）。值得注意的是,和前面幾次區劃相比,1920 年這次的區劃,其持續的時間是最長的,也在相當程度上影響了戰後國民黨政府在台灣的行政區劃。

台灣內地交通圖

「內地」一詞在台灣首見於日治時代，第二任台灣總督桂太郎在其施政方針報告當中，首先以內地稱呼日本本土，後來便被官方與民間廣泛使用，台灣本島人和在台日本人即稱日本為「內地」，日本本土人士則被稱為「內地人」。二戰後，內地一詞即轉變為對中國本土的稱呼。

警察大人

日本治台之後，在台灣建立了嚴密的警察制度，完全涵蓋了一般民眾的生活，台灣人習慣稱之為「大人」。

警察衛生博覽會中的海報
南無察警大菩薩

日人治台以後，為協助統治政策的實施，在台灣建立了嚴密的警察制度。台灣的警察與日本內地的警察很不一樣，除了維持治安等警察原有的職務外，由於初期為避免與軍憲的工作重疊，警察還掌理衛生和戶口調查等工作，輔助地方政府的施政。隨著日本在台灣的統治逐漸穩固，警察的人數不斷擴充，1898 年兒玉源太郎就任總督時，更大幅改革警察制度，大量增加各地的派出所，培訓警察人員，把維護治安的工作完全移給警察，1899 年招募台灣人為「巡察補」，協助正規警察。這時的優勢勢力被總督府用來討伐抗日義軍，成效頗著。

老一輩的台灣人稱警察為「大人」，其實這是日治以來的習慣。警察職權涵蓋一般民眾的生活，動輒權威式地干預人民的日常生活，因此，一聲「大人」表達的是敬畏，也透露出人民心中的恐懼。在這種既痛恨又無可奈何的心理下，日治時期台灣人也常私下稱警察為「狗」，但是因為許多日本警察聽得懂福佬話，後來大家就用「四腳仔」取代「狗」以暗諷警察。

禁鴉片

三大陋習改正之(一) 鴉片 or 阿片
1895年清日兩國簽署馬關條約時·伊藤博文在場表示「我國日後領台·必禁鴉片·然寬際接收後才發現吸食者眾·只好以漸進根除方式·1928年總督府公布"台灣新鴉片令"·最終走向戒絕……

台灣日治時期鴉片政策是台灣日治時期為有效管理吸鴉片人口所採行的政策，因為漸進式禁絕鴉片的可行性比直接禁絕高許多。在初期，鴉片暴利是總督府的重要財政來源，然後總督府對鴉片暴利的依賴愈來愈少。總督府在殖民末期才提供戒癮醫療，其最重要原因除了醫學進步外，就是台灣人總算將吸鴉片視為惡行。

禁辮髮

三大陋習改正之(三)－辮髮:
辮髮習俗的改變、總督府定期於各機關學校及公共場合舉行「集體斷髮大會」及警政宣導.並無任何禁止條款.但自1911年清帝亡.這種辮髮習俗也隨之結束

在辮髮方面，台灣總督府則較無積極的行動。除了各學校機關與公共場合定期舉行「集體斷髮大會」及警政宣導外，並無任何禁止條款。不過因清朝政權於 1911 年滅亡，此種男子頭部前半頭髮剃光，後半部留成長髮並結辮的風氣自此就不再盛行。

禁纏足

三大陋習改正之（二）—纏足

總督府採先民間後官方的政策、舉行揚文會提倡放足。並組成台北天然足會。1911年台南廳開始實施強制解足。並將之加入保甲衛痠　1915年總督府在保甲規約增列禁止纏足的條文　條文中有相當嚴格的連坐處分　纏足在台終於滅絕

在纏足禁絕方面，大致採漸禁、「先民間後官方」的政策。1900 年，總督府舉行揚文會，會中黃玉階提倡戒除纏足陋習的放足，並組成台北天然足會。1911 年，台南廳開始實行強制解足，並將之加入保甲規約，創各地之先。1915 年，總督府運用公權力，全面在保甲規約增列禁止纏足的條文。因其條文有其相當嚴格的連坐處分，因此纏足風氣就此滅絕。

保甲制度

保甲制度係源自清朝時協助政府維護地方安寧的保甲制,在日治時期,保甲制度是社會控制的重要工具。總督府訂定了《保甲條例》,規定每十戶為一甲,每十甲為一保,每個「甲」都設置「甲長」作為領導者;而「保」則設置「保正」,任期皆為兩年,為無給職。《保甲條例》中規定了所謂的「連坐責任」制度,保正及甲長也必須要協助日本當局維持秩序、宣傳政策、檢查環境衛生等內政。在此基礎之上,日本當局又從保正和甲長中挑出年壯的青年,成立了壯丁團,用來協助警察或防治天災。

源於 1897 年 5 月 8 日拂曉,以陳秋菊為首的七百名抗日分子襲擊台北城、大稻埕。總督府民政長官後藤新平召鹿港商人辜顯榮來商量鎮壓「匪徒」之策。辜顯榮貢獻的「治匪」策,就是設「保甲制度」讓地方協力「治匪」。1898 年台灣總督兒玉源太郎發令創設「保甲總局」,並命辜為第一任局長。

三段警備制

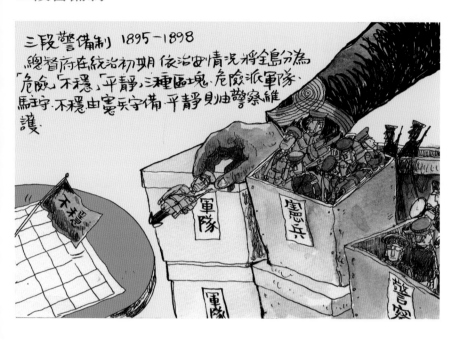

著眼點為有效改善台灣治安的三段警備法，其主要精神乃是依據台灣治安現況，劃分為一等區、二等區，及三等區共三區域。

一等區：反日或抗日分子活動最活躍的台灣山區，也屬於治安狀況惡劣者。劃分一等區者，其治安維持由日本軍隊組成的台灣守備混成旅團負責。

三等區：平埔族或漢人居住的平地街莊，由日本警察官吏負責治安警備任務。

二等區：介於一、三等區中間的灰色地帶，該區域由日本憲兵負責警備。

日本殖民政府的剝削

日帝的殖民地統治方式（1）
律令制定權（總督所決定的「律令」
即法律

日帝的殖民地統治方式（2）
警察政治

台灣日治時期的經濟是種相當典型的殖民地經濟模式，即以台灣自然資源與人力，來培植宗主統治國的整體發展。此種模式於兒玉源太郎的總督任內打下基礎，並於1943年太平洋戰爭中達到最高點。

後藤新平

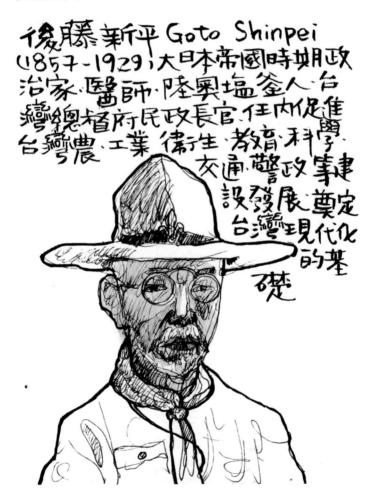

後藤新平 Goto Shinpei (1857-1929) 大日本帝國時期政治家·醫師·陸奧塩釜人·台灣總督府民政長官·任內促進台灣農·工業·衛生·教育·科學·交通·警政·事建設發展·奠定台灣現代化的基礎

後藤新平說「殖民不是慈善事業」、「台灣人民族性：愛錢、怕死、愛面子」。
後藤治台策略為「生物學」的原則，即先了解與調查台灣的社會、經濟、風土民情及戶口、人口結構，再以警察力量來推行台灣的各種現代化。
從交通、運輸、電訊、下水道、現代建築，嚴峻但明確的法令使台灣人守法，這一切使台灣人由落後封建的「清國奴」一躍成為現代人。但台灣人也付出血淚的代價。

日台的不平等

日本統治台灣期間，歧視台灣人，無論政治、經濟、教育上，日本人和台灣人的待遇都不同。政治方面，台灣人大都只能當職位較低的公務員，而且薪水比日本人低；經濟方面，大型的企業，多數由日本人經營；而能夠賺取大量金錢的米、糖、樟腦等交易，也由日本商人或台灣總督府壟斷，大部分的台灣人民只能當勞工。

日俄戰爭

日俄戰爭（1904 2月8日－1905 9月5日）

大日本帝國和俄羅斯帝國為了爭奪在朝鮮半島和中國東北地區的影響力的戰爭。戰爭促成日本在東北亞取得軍事優勢，並取得朝鮮、東北駐軍的權利

RUSSO-Japanese War
Русско-Японская Война
日露戰爭 1904-1905

日俄戰爭最直接的後果是日本取得對南滿的控制及穩固對朝鮮的統治。日本成為近代第一個通過大規模戰爭打敗歐洲白種人殖民者的黃種人國家，達成修改幕末以來不平等條約的目標。

日語稱之為日露戰爭，因為日本人稱俄國（Russia）為露（Ru），日俄戰爭時為輕視俄國像露水見到朝日會消失而改稱為露。

1904年啟開日俄戰爭.日本從海戰到陸戰.取得了勝利.証明了明治維新的成功.脫亞入歐.理氣的西雄

從打敗亞洲霸權大清帝國到白種人俄羅斯.成為亞洲第一強國.此圖為法國小報上的時事漫畫.以大衛及巨人歌利亞來比喻

DAVID ET GOLIATH / FROM Petit Journal DE FRANCE

沙皇的噩夢

1904-1905 日俄戰爭 俄國的失敗
導致發生了1905年俄國革命 使其停
止在遠東的擴張計畫
集中精力在歐洲發
展. 與法.英等國結盟
最終捲入第一次世界
大戰. 以至1917經
二月革命和十月革命
被推翻月. 成立了
蘇俄

日本畫家 小林清親
的版畫. 內容是沙皇
尼古拉二世因日俄戰
爭敗北而從噩夢中
驚醒

俄國的失敗，導致發生了 1905 年俄國革命，使其停止在遠東的擴張計畫，集中精力在歐洲發展，與法、英等國結盟，最終捲入第一次世界大戰，以至 1917 年經二月革命和十月革命被推翻，成立了蘇俄。

辜顯榮與戎克船

1904 年日俄戰爭爆發時，當時後藤長官交辦此事，台灣銀行頭目命淡水的台銀支店長坂本素魯哉，交給辜顯榮一萬兩千圓現金，統籌從事偵察工作。巡邏船的編組，是用六十噸的戎克船，每船約八名船夫，每船有一名日本海軍軍人，喬裝成辮髮的華商。在監視期間，如有船隻經過，即辨別船籍報告，並電告有關單位。日俄戰爭之後，辜顯榮又受命，收拾在台灣周圍海上敷設的水雷。他指揮五十噸到一百噸的船五艘，每船有二名海軍人員，按照海圖，清查水雷所在點，花三個月，完成清理任務。

四大家族

日帝培植台灣
買辦眼光
的
「四大家族」

鹿港辜顯榮

板橋林熊徵

基隆顏雲年

高雄陳中和

台灣四大家族在傳統上，是指台灣自日治時期一直到戰後時期，地方上最具政經影響力的四大家族。由北至南分別為基隆顏家、板橋林家、鹿港辜家和高雄陳家。其中以板橋林家發跡最早，自18世紀末的清乾隆晚期即迅速興旺；高雄陳家次之，約發跡於清治時期的19世紀中後期；基隆顏家與鹿港辜家發跡最晚，是進入日治時期後倚仗日本勢力而發展出來的家族。

伊藤博文遇刺

1909年10月26日，韓國（朝鮮）獨立運動家在清國哈爾濱成功刺殺了日本首任朝鮮統監伊藤博文，安重根現場被捕，次年3月在旅順被秘密處死。

1909 年 10 月 26 日上午 9 時整，伊藤博文乘坐的專列抵達哈爾濱火車站，可可夫切夫上車迎接。約二十分鐘後，伊藤博文在可可夫切夫陪同下，開始檢閱歡迎隊伍。9 時 30 分，朝鮮愛國主義者安重根站在俄國儀仗隊後面，當伊藤博文走到距安重根十步左右時，安重根穿過俄國軍人空隙，相距伊藤博文五步之遙，拔出手槍對準伊藤博文連發三槍，三發子彈命中伊藤博文的胸部、腹部。隨行醫生迅速搶救，二十分鐘後，伊藤博文宣告不治而亡。

竹林事件

1912年發生「林圯埔」事件、又稱
竹林事件.因總督府將嘉義、林圯
埔斗六等15,000甲的竹林收歸國
有,引起庄民攻擊馬住在所的抗
日事件

林圯埔事件,又稱竹林事件,為發生於台灣日治時期的抗日事件。遠因是台灣總督府把嘉義、林圯埔 (今南投竹山)、斗六等一萬五千甲的竹林劃歸為「模範竹林」,強行收歸為國有地,並由日本三菱造紙株式會社掌握所有權,供其使用經營,且不准附近居民隨意進入,導致原依靠山林生活的兩萬多名竹農與地主的生計陷入困境。近因則是受到日本警察欺壓林啟禎與佛教在家居士劉乾兩人,導致兩人心有不滿,合作在山中開設神壇,煽動前來的信徒抗日。1912 年 3 月 22 日,劉乾率領約十二名竹林莊莊民,攻擊位在林圯埔地區的頂林駐在所 (今竹山鎮頂林里),造成三位警察死亡。數日後遭日警逮捕,包含林啟禎與劉乾,總計十餘人為事件參與者,一人被當場槍斃,劉乾、林啟禎等八人被判死刑,一人判無期徒刑,三人判有期徒刑,僅存一人獲判無罪釋放。

余清芳

余清芳 Yu Cheng-Fong
(1879-1915)台灣台南廳長治二圖里大湖區後鄉即庄人 1915
年西來庵事件領袖。該事件為台灣日本時代最大規模抗日事件

又稱"玉井事件及噍吧哖事件"

1915 年 8 月，余清芳被法院判處死刑。9 月 23 日絞死，得年三十七。
台南的台灣話俚語曰：「余清芳，害死王爺公。王爺公無保庇，害死蘇阿志。蘇阿志無仁義，害死鄭阿利。」就是在講述此事，事件結束後，西來庵即被總督府下令拆毀。

台灣的流行傳染病

1895年六月日本領台後，軍隊由北向南展開占領和掃蕩，中間
有遇到武裝反抗勢力，但對軍傷害不大，但台灣的流行傳染病
重創日軍

抵台日軍曾為瘧疾等熱帶傳染病付出慘痛代價，因而對其所統領的第一個殖民地，
乃積極改善醫療衛生設施，以遏止疫病的流行。台灣總督於6月19日宣布組織「衛
生委員會」，並在日本殖民政府「始政」的第四天，也就是1895年6月20日，「大
日本台灣病院」在台北城外大稻埕千秋街設立，此即為台大醫院的前身。

馬雅各

馬雅各 James Laidlaw Maxwell
(1836-1921) 出生於蘇格蘭. 醫師.
長老會傳教士. 於19世紀後期到
台灣南部傳教及行醫. 他創
設了台灣首座西式醫院——
新樓醫院

馬雅各（1836-1921，原名 James Laidlaw Maxwell），生於英國蘇格蘭，醫師、長老教會傳教士，於 19 世紀後期到台灣南部傳教及行醫，是英國長老教會第一位駐台灣宣教師，與馬偕醫師齊名。他創設了台灣首座西式醫院——新樓醫院，被視為台灣現代西式醫院之父。

山口秀高

山口秀高（1866-1916）日本江戶出身
やまぐち ひでたか
曾任台灣總督府醫院醫長
台北醫院院長、台灣總督醫
學校教授 暨首任校長

1896 年 11 月擔任台北病院院長， 1897 年日本國會以「土人（台灣人）醫師養成所」的名義通過預算，辦理醫學教育。4 月 12 日正式開課。後藤新平就任民政長官後，視察「醫師講習所」，認為必須進一步提升，乃決定成立正式醫學教育學校。1898 年 6 月山口被任命為總督府醫院醫長，後又任台北醫院院長。1899 年 4 月山口擔任醫學校教授兼任校長。

甘為霖

甘為霖　William Campbell (1841~1921)
全名威廉、坎見爾、19世紀後期
在台灣南部
傳教的長
老教會傳
教士，1891
年於台南
創立第一
第一所盲
學校

台灣盲人
教育的
先驅者

熟悉台灣歷史、教會史的人都知道，甘為霖是學界公認所有來過台灣的西方傳教士當中，學術貢獻最大的一位，也是當時對早期台灣史擁有最廣泛智識的學者。

植村正久

植村正久牧師(1858-1925)
日本思想家、基督教牧師、
神學家。自1917年開始、以實
際行動支持「台灣議會設置
請願運動」。

うえむら まさひさ

植村重視台灣、滿洲、朝鮮的傳道工作，曾到台灣九次，台灣的民族運動者蔡培火即受植村的影響而皈依基督教，而富士見町教會也曾借台人在此集會，且為台人介紹日方的重要人物，以協助台人的活動，得到與當局懇談的機會。馬偕牧師的女婿陳清義在東京留學時，植村為其安排一切，甚至教導日語，其第三女植村環，1937 年起擔任台南長榮女學校（今長榮女中）校長一年，將長榮女學校自廢校的命運中解救出來。

濱野彌四郎

濱野彌四郎(1869-1932)
はまのやしろう
日本千葉縣人，曾任台灣總督
府土木部技師，以長達廿三年的時
間陸續完成基隆、台北、台中、台南
等主要都市的水道計劃、建設，被
稱為「台灣
水道之父」

畢業於東京帝國大學工學部土木學科，曾師事擔任帝大衛生工學講師的巴爾頓（W. K. Burton）。明治 29 年（1896）巴爾頓受民政長官後藤新平邀請，來台灣擔任衛生工事顧問，濱野也以助手身分同行，來台擔任土木部技師。明治 32 年（1899）巴爾頓在完成基隆水道設計案後因病返回東京，濱野則留在台灣繼續上、下水道的建設，期間長達二十三年，陸續完成基隆、台北、台中、台南等台灣主要都市的水道計畫、建設，大正 8 年（1919）離台至神戶擔任技師長。

八田與一

八田與一（1886-1942）日本石川縣
はったよいち 人，台灣嘉南大圳的設
計者，烏山頭水庫及嘉
南大圳的建造者，有嘉南大圳之父
之稱自1901年東京帝國大學畢業後
到56歲過世為止，一直在台灣工作
定居，也參予台北下水道興建、高雄
港興建、台南水道計劃（山上淨水
場）日月潭水力發電廠、桃園大
圳、大甲溪電源開發計劃………

自 1910 年日本東京帝國大學畢業後，到五十六歲過世為止，一直都在台灣任職定居，幾乎都在台灣工作。也參與台北下水道興建、高雄港興建、台南水道計畫（山上淨水場）、日月潭水力發電所、桃園大圳、大甲溪電源開發計畫等日治時代台灣現代化的重要土木工程，並提出建造曾文水庫的構想。此外還在台北設立土木測量專門學校，並創立「台灣水利協會」和專業期刊，培養台灣土木水利人才。畢生建設台灣，貢獻卓越，仍受到台灣多數民眾尊敬。

磯永吉

磯永吉（1886-1972）日本廣島縣人
いそえいきち
台北帝國大學與國立台灣大學
教授，農業家，1925年和末永仁
利用台灣在來米成功改良成
蓬萊米讓農民收益大增，今台灣
食用的稻米仍是該品種，被尊
稱為
蓬萊米之父

磯永吉奉獻畢生心力，使台灣米舉世聞名，被台灣人尊稱為「台灣蓬萊米之父」，更對台灣的農業研究、實務、教育等，有著卓越的貢獻與成就，對台灣近代農業發展有極深遠的影響。

台灣鐵道之父

長谷川謹介 はせがわ きんすけ
(1855-1921) 生於日本長門國厚狹郡
千崎村·日本鐵道官僚、工程師
1899年受台灣總督府民政長官後
藤新平之邀·來台出任鐵道部技
司長·1908年縱貫線〈405公里完工
改變了台灣
的經濟發
展與城鄉
關係·實為
台灣的
鐵道
之父

1896 年，日本開始統治台灣之後，立即將縱貫鐵路的興建列為首要的施政計畫。
於 1898 年（明治 31 年）分別由南北兩端同時興工。1908 年，後藤新平成立台灣
總督府鐵道部，並親自擔任部長，由鐵道技師長谷川謹介規畫縱貫鐵路，將清代舊
線計畫進行九成以上的大幅度修正，外加南部的新建路段，長達兩百五十二哩的
縱貫線鐵路終於在 1908 年於中部接軌，全線通車營運。為此，台灣總督府在同年
10 月 24 日，於台中公園舉行「縱貫鐵道全通式」。

台鐵路線圖

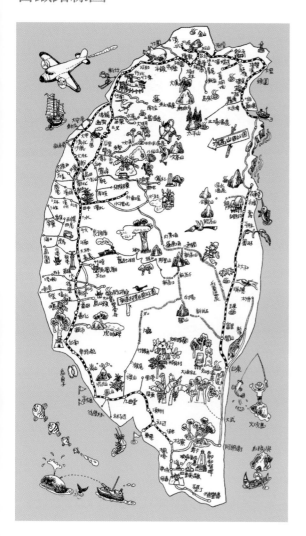

縱貫線，又稱縱貫鐵路，為台灣鐵路管理局（簡稱台鐵）經營的傳統鐵路幹線，是台灣第一條鐵路線，也是台鐵西部幹線的核心路線，自 1908 年 4 月 20 日完工通車起，營運時間已逾百年。

森山松之助

森山松之助（1869-1949）日本大阪市
もりやままつのすけ　出身的建築師，活躍
於日治時期的台灣
台灣總督府營繕課技師任內
設計許多官廳建築．

日本治台期間，象徵殖民
統治權威之重要級官廳
建築，皆出自森山松之助
設計，足見其
個人才華及
對台灣
建築的
深遠影
響

森山松之助（1896-1949），日本大阪市出身的建築師，活躍於日治時期的台灣，於台灣總督府營繕課技師任內設計、監造許多官廳建築。他最廣為人知的作品是台灣總督府，但是他並不是原先設計者，在 1909 年的台灣總督府競圖比賽，由長野宇平治奪得乙賞（甲賞從缺），並以他的設計圖起造新總督府，森山松之助雖然曾參加競圖，但是在第二階段時被淘汰。但是實際建造時，考量台灣氣候、材料供給、建築氣勢等，總督府更動了原來的設計案，森山松之助雖落敗，卻因緣際會進入營繕課，成為實際設計者。在長野的設計案，總督府中央塔樓高度只有六樓，森山為了展現帝國的氣勢，加到十一樓，塔高六十公尺，成為當時台北最高的建築物。

杜聰明

杜聰明（1893-1986）台北縣三芝人
台灣醫師、醫學教授、京都帝
國大學醫學博士（Ph.D）高雄醫
學院創辦人、第一位台灣籍的
臺灣大學醫學院院長兼教務長
和台灣大學代理校長

1909 年，杜聰明以第一名考進台灣的第一學府台灣總督府醫學校，但是當時校方以他體格檢查不合格（杜聰明為丙等）為由，欲將他除名。所幸當時醫學校代校長長野純藏愛惜人才，認為名列榜首的學生被淘汰是件可惜的事，遂力排眾議使杜聰明獲准就讀。在醫學校時，他的成績一直保持第一，並每天鍛鍊身體（做體操、游泳、登山或沖冷水澡）。1913 年因為對中華民國大總統袁世凱的行為感到不滿，曾和同班同學翁俊明遠赴北京，欲將霍亂病原投入水源刺殺袁世凱，然而並未成功。

林獻堂

林獻堂 Lin HSIEN-TANG
(1881-1956)台灣台中霧峯人·台灣
日治時期非暴力反日本人士右派
代表人物·無論在新民会·台灣
文化協會·台
灣民眾黨·台
被稱
灣地方自治
「台灣議
聯盟事組
會之父」
織扮演重
要角色·

林獻堂（1881-1956），被後世譽為「台灣議會之父」，堅持「一生不說日語，不著和服」，以漢民族的傳統生活方式，從事對日本大和民族的抗爭。早年受到梁啟超的啟示，發起「台灣議會」的請願活動，並採取和平非武力方式爭取台灣自治。

祖國支那事件

1936 年 6 月 17 日，台中州知事邀請林獻堂到台中公園參加「始政紀念日」慶祝園遊會，林獻堂步入會場時，有一位自稱為「愛國政治同盟會」會員的日本人賣間善兵衛，阻擋他的去路，態度惡劣地質問林獻堂說：「為什麼你在上海清國奴歡迎你的席上，說回到了祖國？」隨即當眾打了林獻堂一巴掌。

台北縣警察署將肇事者賣間善兵衛移送台中地方法院檢察局開偵查庭，傳訊林獻堂、楊肇嘉等人備詢，結果以不起訴處分，將肇事者無罪釋放。

林獻堂見梁啟超

梁啟超在林獻堂的盛情邀請之下，前往霧峰林家度過了此次台灣之旅裡最愉快的一段時光。梁啟超在 4 月 2 日抵達台中和霧峰，和櫟社詩友吟詩酬唱之餘，最重要的「訓示」，是期勉台灣的朋友「不可以文人終身」——不能一輩子當個消極的文人，對國家社稷，務必要有付出。

蔡惠如

蔡惠如（1881～1929）出生於台中
牛罵頭（今清水）。日治時期
台灣民族運動的先驅者。
與林獻堂連署發起「台灣
議會設置請願運動。

1921 年（大正 10 年），台灣文化協會成立，蔡惠如擔任理事。1923 年（大正 12 年），台灣發生治警事件，蔡惠如、蔡培火、蔣渭水等人被日本殖民政府逮捕判刑，其中蔡惠如遭判刑三個月。1929 年（昭和 4 年），蔡惠如中風引發腦疾，於 5 月 20 日逝世，年僅四十八歲。

林熊徵

林熊徵 Lin Hsiung-cheng (1888-1946) 台灣板橋人。1909 繼承家業，創立林本源製糖株式會社。日本時代銀行家兼慈善家，曾一度為台灣首富。

1923 年，成立公益會，以對抗台灣文化協會。1924 年，號召成立全島有力者大會，反對台灣議會設置請願運動。

林熊徵在中國方面的關係也相當良好，他曾捐款給同盟會，支持孫文的革命活動，其中包括黃花岡之役。曾貸款給福建省政府，參與投資漢冶萍煤鐵有限公司。中國政治人物至台灣時，也多由林熊徵接待，他扮演了日中台三方的親善與溝通管道。

蔡培火

蔡培火（1889-1983）台灣雲林北港人。日治時期社會運動人士。1920 年（大正九年）在台灣青年上發表"我島與我"，提出（台灣是台灣人的台灣），的主張，成為台灣民族運動中最重要的中心思想

蔡培火可說是少數能活到戰後且比較沒有受到打壓的政治人物，這點既不同於早逝的蔣渭水、蔡惠如，也不同於差點身陷囹圄的林獻堂。蔡培火於 1945 年日本投降後立即加入中國國民黨，一年後蔡回到台灣，1948 年當選行憲後第一屆立法委員，1950 年被行政院長陳誠聘為政務委員，1952 年擔任中華民國紅十字會副會長兼台灣省分會會長。1974 年蔡從紅十字會中撥出新台幣 20 萬元創辦中華民國捐血運動協會，蔡任會長。先後在台北、台中、台南、高雄成立四個捐血中心。1983 年 1 月 4 日晚間 9 點因支氣管炎於自宅中逝世，高齡九十五歲。

蔣渭水

蔣渭水 Tsiúnn Uí-Suí
(1891－1931) 台灣宜蘭人，為台灣日治時期的醫生及民族運動者。曾創立台灣文化協會與台灣民眾黨，是反日殖民運動中，重要的領導領袖

同胞需團結
團結真有力！

蔣渭水一生有四項工作影響台灣歷史：
創立第一個全台性的文化組織「台灣文化協會」
創立第一份台灣人的報紙《台灣民報》
創立第一個現代意義的政黨「台灣民眾黨」
創立一個全台性的工會組織「台灣工友總聯盟」

1923年4月15日蔣渭水在他所執業的大安醫院
創設了臺灣民報 致力於台灣民族意識的啟發 追求殖民地體
制下的政治平等。

臺灣人唯一之言論機關
臺灣民報總批發處

1923年 第三次台灣議會設置
請願運動到東京請願
謝文達駕飛機在東京上空散發二
十萬張空飄傳單. 傳單上有「台灣人
呻吟在暴虐政治之下矣!」「給台灣人
議會吧!」「殖民地總督獨裁主義
是立憲日本的恥辱!」等文字

謝文達

謝文達（1901～1983）
台中豐原人．台灣第一
位飛行員．1920年10月17日
以自購「伊藤式惠美五號」
飛機升空進行首次
．鄉土訪問飛行，其後
在10月30.31日在台北練
兵場又進行兩回飛行
表演．轟動全台．
激發台灣人的
政治平權自覺意識

1920 年謝文達參加日本舉辦的競技飛行賽，他藝高人膽大，以一百二十公里的時速，在一千四百多公尺的高空表現了精湛的飛行技術，獲得第三名，也因此成為台灣人在日本揚名的英雄，為被殖民的台灣人一吐怨氣，堪稱當時的「台灣之光」。

由於謝文達長期駕駛的飛機出現疲態，因此台灣各界發起募款，在大稻埕行醫經商的蔣渭水更四處奔走，終於募得款項購買台灣第一架飛機「台北號」。

而後林獻堂與蔣渭水等人在 1923 年前往東京，發起「台灣議會請願運動」，謝文達就是駕駛這架「台北號」在東京上空散發「台灣議會宣傳單」十多萬張，向日本政府訴求，但也因為謝文達和抗日分子蔣渭水過從甚密，且積極投入台灣民族運動而遭到日方百般打壓，最後被迫聲明從飛行界「引退」。

馬智禮

馬智禮（卑南語Matreli）
(1887-1966), 福建閩南人台東
卑南族初鹿社頭目 他在任內
親赴布農族紅葉部落·共同宣
誓締結和平　　　結束兩
族一百多年
的戰爭

馬智禮本姓朱，1890 年四歲時，因福建故鄉發生大屠殺，隨著父親朱來盛從中國福建避難來台，輾轉抵達後山台東，隱姓埋名，後來被初鹿社卑南族人所收養，漢名也跟著改為「馬智禮」。

馬智禮雖然是漢人，但是天資聰穎，勤於學習，很快的融入卑南族的習俗，並訓練出一身是膽，以及高超狩獵技巧的卑南族特性，極獲部落長老賞識，二十五歲入贅初鹿社頭目家，二十八歲正式接掌初鹿社頭目。

當時卑南族和布農族為了獵場，戰事不斷，馬智禮接掌頭目後，一方面積極促進族群和諧，但也不忘生聚教訓隨時準備應戰，最後在他的努力下，布農族和卑南族終於達成劃世紀的「和平」協議；這項簽署也間接化解日本政府和布農族間的衝突。

謝介石

謝介石 Siā Kai-tsioh (1878－1954)
台灣新竹人，曾擔任伊藤博文來
台時之通譯，後東渡日本畢業於明
治大學法律系，前往中國天津張
勳處工作，1932年滿洲國成立，
擔任首任外交部長，1935年代表
滿洲國皇帝回台參加台灣博
覽會。

1932 年滿洲國成立後，任謝介石為首任外交部總長，謝介石改為滿洲國籍。謝介石曾經將熙洽、馬占山說服歸入滿洲國而立下大功。

1935 年代表滿洲國皇帝衣錦還鄉，回台參加台灣博覽會，也在廣播電台發表《敬告台灣同胞》演講。台中大甲鎮瀾宮的正殿，仍掛有一塊謝介石題名的匾額。之後一度轉任實業部長。由於謝介石在滿洲國發展的成功，不少台灣人也都前往滿洲尋求發展，並且工作於滿洲國的公務部門。據研究，追隨謝介石「過滿洲」的台灣人前後超過五千餘人，譬如李行的電影《原鄉人》的原型鍾理和 1934 年和妻子鍾台妹便是一起私奔到滿洲。

辜顯榮的公益會

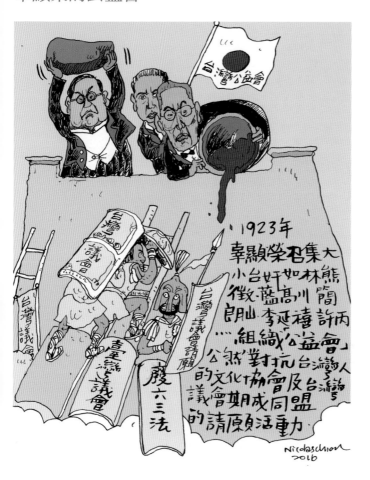

1924 年辜顯榮再另組織「有力者大會」公然對抗台灣議會請願運動。並將大會宣言呈給新任總督內田嘉吉以示恭順忠心。「有力者」之意是有實力的人,其實有力者大會就是公益會的翻版,想一舉消滅台灣民主的浪潮。台灣文化協會對此等走狗行為感到激憤,乃在各地開會進行反駁,林獻堂、林幼春等出面在台北、台中、台南三地舉行指斥公益會的「全島無力者大會」,並在大會宣言中辱罵辜顯榮等為「20 世紀的敗類」,進而決議:「我們為擁護我們自己的自由與權利,誓必撲滅偽造輿論蹂躪正義,而自稱為有力者大會的怪物。」

鴉片有益論

1930 年，台灣總督府得知國際聯盟將來台調查，為了掩飾以五百元買通連橫發出「鴉片有益論」，「台灣人之吸食阿片，為勤勞也，非懶惰也。為進取也，非退守也。今能享受土地、物產的利益，是先民開墾的功勞，而先民得以全力開墾，正拜鴉片之賜。鴉片不僅無害，甚至還被稱為長壽膏，是有益的。」
「鴉片有益論」3 月 2 日在御用報紙《台灣日日新報》上發表。台灣的知識界非常憤慨。連橫原屬台中「櫟社」社員，該社決議開除連橫的會籍。
連橫在眾怒難犯之下，不得不在 1930 年 3 月離開台灣，回到中國。

二林事件

二林事件，又稱二林蔗農事件，林本源製糖騷擾事件，日治時期的農民運動，1924年到1925年在彰化二林發生。

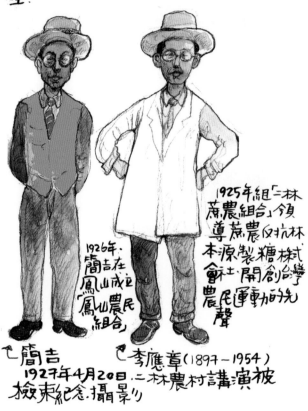

1926年，簡吉在鳳山成立「鳳山農民組合」

1925年組「二林蔗農組合」領導蔗農反抗林本源製糖株式會社，開創台灣農民運動的先聲

簡吉　　　李應章（1897～1954）
1927年4月20日二林農村講演被檢束紀念攝影

二林事件發生於 1924 至 1925 年，之後日本政府逮捕了近百位蔗農組合的成員和參與事件的農民，這個事件影響日後台灣的農民運動，開啟台灣農民運動的抗爭之路。

霧社事件

霧社事件(きしゃじけん)
1930年(昭和五年)賽德克族馬赫坡頭目莫那
魯道因不滿日本長期苛虐暴政於霧社
公學校運動會上襲殺
日本人後被殘酷
鎮壓,
是台灣
在日人統治
期間最後
一次激烈
的武裝抗
日行動

霧社事件震驚日本當局與國際社會,在西來庵事件以後,是台灣人日治期間最後一次大規模激烈武裝抗日行動(漢人已經放棄武力鬥爭,改採社會運動模式)。台灣總督府理蕃政策遭到挑戰,造成台灣總督石塚英藏與總務長官人見次郎等重大官員因咎去職。

台中不敬事件

台中不敬事件
或稱趙明河事件. 1928年(昭和3年)
5月14日. 在台朝鮮人趙明河以短刀
行刺巡視台中州的
久邇宮
邦彥親
王

事敗,趙
明河旋即被捕

趙明河（1905-1928），日本名明河豐雄，朝鮮獨立運動家。出身農家，畢業於朝鮮的公立學校，擔任役所的臨時雇員，1927 年 11 月來到台灣，偽裝成宮城縣仙台市的日本人，在一家日本人經營的茶屋工作。

1928 年 5 月 14 日，他趁以大日本帝國陸軍檢閱使身分來台灣訪問的久邇宮邦彥王巡視台中州時，在州立圖書館（現在合作金庫銀行台中分行），以短刀行刺，結果失敗；台灣總督上山滿之進、總務長官後藤文夫、警務局長本山文平、台中州知事佐藤續等人，因此為該事件在同年 6 月至 7 月間相繼引咎辭職。

而趙旋即被捕。同年 7 月 18 日按《日本刑法》第七十五條（對皇族危害罪）殺人未遂判處趙死刑，10 月 10 日執行。得年二十三歲。

皇民布袋戲

1937-1945 皇民化運動產生的皇民戲.
在皇民奉公會的控制下·台灣布袋戲被迫推向另一種表
演形式·演出戲碼多為鞍馬天狗·水戶黃門·國定忠治等
日式劇本

皇民戲之規定
①後場禁用漢族鑼鼓絃樂或
②口白需有辯士故夢自說明
③前場戲偶·需採中日式的戲場
④表演舞台改為活動式布景

1942 年,太平洋戰爭爆發。日本總督府推行皇民化運動,欲將台灣人全面改造為可用於「南進」(征服南亞)的人料,全面去漢化的措施包括禁止漢人文化的使用及流傳,因台灣傳統戲劇都是演出漢人傳統歷史文化的故事題材,更是在全面禁止之列。當時僅能演出以日本幕府時代及武士道或宣揚日本大和魂精神的布袋戲劇情,如《楠木正臣》、《水戶黃門》、《鞍馬天狗》、《荒木又右衛門》、《憂國之士》、《月形半平太》、《桃太郎》、《猿蟹合戰》等。「皇民化布袋戲」在1935 年 8 月日本戰敗投降後,便消失無蹤。不過,它為配合室內演出,在音樂、布景、戲服、語言的種種改變,卻成為後來金光布袋戲變革的前身。

日本對台灣徵兵

1944年9月1日，日本政府開始
對殖民地台灣全面實施
徵兵制，投入太平洋戰爭

台籍日本兵，一般是指太平洋戰爭後期（1942 年至 1945 年）被日本政府招募和徵召服役的台灣人，廣義上或是指加入日軍的台灣人。「台籍日本兵」在文獻中有不同的稱謂，除了「台籍日本兵」，亦有「台灣人日本兵」、「台灣人原日本兵」及「原台灣人日本兵」等稱謂，由於在 1945 年 4 月戰爭惡化開始全面徵兵前是以「志願兵」加入，所以也有「台灣特別志願兵」此稱謂。

高砂義勇軍

1941年太平洋戰爭火爆發，戰爭大規模不斷擴大，1942年實施陸軍特別志願兵制度，高砂挺身報國隊，1943實施海軍特別志願兵制度，1945年全面實施徵兵制！

高砂義勇軍，構想起源來自霧社事件中台灣南島原住民的英勇。1942-1943年派出4000人，3000人戰死沙場。

南祥

據日本退休士兵回憶，該隊人員能於無道路之叢林，穿梭偵察，也可以分辨遠處聲音，從事伏擊。由於隊員精於狩獵，對叢林內的動物能分辨可食或不可食，日軍同僚得以在缺糧下補給。該隊隊員也傳授日軍在叢林生活的方法。日本兵罹患瘧疾，高砂隊員能冒險摘椰子取水解熱。日軍退休人士認為，「高砂隊員的英勇、服從、為長官效命及犧牲奉獻的精神」，日軍成員也難望其項背。

珍珠港事件

珍珠港事件，又稱珍珠港事變，行動代號為「登上新高山1208」，1941 年 12 月 7 日清晨，日本聯合艦隊發動大批軍機和微型潛艇突襲美國太平洋艦隊位於珍珠港 的海軍基地，以及美國陸軍和海軍在夏威夷歐胡島上的軍用機場之事件。這次襲擊 正式將美國捲入第二次世界大戰，它也是繼 19 世紀中的美墨戰爭之後，第一次有 另一個國家對美國領土發動攻擊。

1945 台北大空襲

此次空襲造成的最主要毀損應屬台灣總督府，正面遭直接命中：該建物傾斜並引發大火，以致戰後不堪使用。另外比如總務長官官邸、台灣鐵道飯店、總督府圖書館、台灣電力株式會社、軍司令部、台北帝大附屬醫院、台北車站、台灣銀行、台北公園、台灣高等法院、度量衡所等等官署廳舍也都遭到程度輕重不一的毀損。

美軍此次轟炸雖以台北城內政府軍事、經濟活動頻繁地點為主要目標，但仍波及不少平民住宅。其中最嚴重的破壞，就屬當時被雙連地區居民當成防空設施的大稻埕天主堂，台灣天主教重要地標全毀。除此之外成淵中學、艋舺龍山寺、台北第一女高（今北一女）、台北一中（今建中）等學校、廟宇、戲院與不少鄰近主轟炸區域的民宅也普遍受到轟炸毀損。

軸心國

軸心國（Axis），指在第二次世界大戰中結成的法西斯國家聯盟，領導者是納粹德國、義大利和日本及與他們合作的一些國家和佔領國。

1940 年 9 月 27 日，德國、日本和義大利三國外交代表在柏林簽署《德義日三國同盟條約》（三國公約），成立以柏林－羅馬－東京軸心為核心的軍事集團。這個軍事集團的成員被稱為「軸心國」。1945 年 5 月 8 日德國投降後，日本於 5 月 25 宣布廢除三國公約。同年 8 月 15 日日本向同盟國投降，軸心國集團滅亡。

日本投降

1945年8月6日與8月9日 美軍在廣島市和長崎市
投下原子彈。昭和天皇在8月15日中午12點
向日本全國以
發表
「終戰詔書」
錄音廣播方式

日本投降指 1945 年 8 月 15 日大日本帝國宣布無條件投降，且於同年 9 月 2 日舉行投降儀式並正式簽字投降，自此第二次世界大戰宣告結束。1945 年 7 月，日本海軍實際上已無法繼續執行作戰任務，同時同盟國也不斷實施東京大轟炸並開始策畫入侵日本的沒落行動。

東條英機

東條英機（1884年-1948）生於東京
日本陸軍將令員、政治家、日本軍
國主義的代表人物、在二次世界
大戰任職軍部最高領袖、日本
皇軍陸軍大將、陸軍大臣、第四十任內
閣總理大臣　　　　　　　策劃偷襲珍
　　　　　　　　　　　珠港、引發日
　　　　　　　　　　美太平洋戰爭、
　　　　　　　　　甲級戰犯、
　　　　　　　　　後被處以
　　　　　　　　　絞刑

とうじょうひでき

在第二次世界大戰期間任職軍部最高領袖、大政翼贊會總裁、日本皇軍的陸軍大將、陸軍大臣和第四十任內閣總理大臣（1941-1944），是二戰的甲級戰犯，任內參與策畫珍珠港事件，偷襲美國夏威夷珍珠港，引發美日太平洋戰爭。戰後被處以絞刑。

終戰詔書

終戰詔書 全稱"大東亞戰爭終結ノ詔書"
是指日本昭和天皇在第二次世界大戰末期
簽署表示接受 美、英、蘇、中四國在波茨坦
會議上發表
之波茨坦公告
同意無條件
投降

昭和 20 年（1945）8 月 15 日正午 12 時，正在收聽廣播的日本民眾在聽完整點報時之後，突然聽見播報員要求聽眾起立，因為接下來要播放的是天皇陛下親自朗讀錄製的終戰詔書。此時收音機旁的軍民紛紛起身，甚至有人雙膝跪地，因為這是日本歷史上第一次的天皇廣播，絕大多數日本人都是第一次聽見天皇說話，但內容卻是他親自宣告終戰的消息，表示接受中美英蘇四國促令日本投降的《波茨坦宣言》。

舊金山和約

舊金山和約（對日和平條約）
1951年9月8日 包括日本在內49個
國家在美國舊金山的戰爭紀念歌
劇院簽訂這
份合約

Treaty of
San Francisco

日本在第二次世界大戰結束後與同盟國簽訂《舊金山和約》，又與國民黨政府簽訂《中日和約》，但日本在這些和約中都只表示「放棄」對台灣、澎湖等島嶼的一切權利、權利名義與要求，對於台灣、澎湖脫離日本後的明確處置則無國際法上的有效明文規範。

主張台灣地位未定論的人，包含但不限於台灣獨立運動人士，訴求台灣的法律地位須由台灣人民自決。

第六章

中華民國　1945-

日本向同盟國投降

1945 年 10 月 25 日上午 10 點在台北公會堂舉行「中國戰區台灣地區受降典禮、降方為大日本帝國所屬第十方面軍司令官安藤利吉將軍‧陳儀則代表蔣介石受降‧蔣介石則代表中美英蘇所組成的同盟國由現場之四面旗子可看出的投降之對象非中國

禮典降受省灣臺區戰國中

1945 年 8 月 14 日，日本政府宣布接受《波茨坦公告》，8 月 15 日，裕仁天皇發表《終戰詔書》，宣布日本政府願意遵從同盟國提出的無條件投降之要求，9 月 2 日，日本投降代表團共十一人登上停泊於日本東京灣的美國軍艦密蘇里號簽署《降伏文書》，正式無條件投降。同盟國與日本以此形式達成停戰協定。

盟軍委託國軍接收台灣

麥帥第一號命令才是台灣主權密碼。

麥帥第一號命令:「美國總統向麥帥指示發布第一號命令,規定日本投降及盟國受降事項」。麥克阿瑟第一號命令第一條規定:「在中國(滿洲除外)、台灣,及北緯十六度以北的法屬越南境內的日本高級將領,及所有陸、海、空軍及附屬部隊,應向蔣委員長投降」。從這個命令把台灣和中國及越南並列的事實,可見台灣和越南一樣,不屬中國。蔣介石來台灣是受降,不是統治。「麥帥第一號令,由杜魯門總統交給麥克阿瑟,規定日本投降、盟國受降事項」,所以,中國、美國、英國、蘇聯等同盟,是去受降而已,不是去接收領土主權。否則,滿洲、北韓是由蘇俄受降,應該是蘇俄的。南韓、日本由美國受降,應該是美國的。而且,麥帥第一號命令有這一段:在中國、台灣,北越的日本軍,應該向蔣委員長投降,這個命令,將台灣和中國分開來寫,可見台灣是台灣,中國是中國。

同盟國佔領台灣

同盟國軍事佔領台灣

1945年8月15日日本宣佈投降9月2日 盟軍最高統帥麥克阿瑟發佈「一般命令第一號」指示各地日本軍隊向同盟國投降 命令在中國（滿州除外）台灣、越南北部等地日軍向代表同盟國的蔣介石投降、蔣委派何應欽代表. 何又委派陳儀為台灣受降代表

麥帥
蔣介石
何應欽
陳儀

是同盟國，不是中華民國。

1945 年 10 月 25 日陳儀也是根據麥帥一號令來台受降，受降後他竟說：「從今天起，台灣、澎湖已正式重入中國版圖，置於中華民國主權之下」。

中國來的國民黨單方面訂定受降典禮的 10 月 25 日為「台灣光復節」，實質是對台灣進行「劫收」及「再淪陷」、「再殖民」，最後更倒楣的竟還成為這些流亡國民黨人反攻復國的「復興基地」。

中華民國以警察權竊取統治權視台灣如戰利品，台灣人渾然不知。

胡志明趕走國民黨

胡志明 1890-1969
HỒ CHÍ Minh
越南共產主義革命家
1945年8月日本投降．
蔣介石受命於麥帥
暫時託管台灣及越
南．但越南在胡志明
領導下．利用了國際
列強之間矛盾及越南
人民當家作主的意
志．將蔣介石軍隊
逐出越南．

1945 年蔣介石派盧漢帶領二十萬軍隊進入北越，南越則是由英國代為接管，後來逐步回到法國手中。

蔣介石的盧漢部隊進駐越南也跟陳儀的軍隊入台一樣，都存有征服者心態。軍紀非常差，搶劫、強姦等事層出不窮，甚至搶糧造成越南大飢荒，餓死者數十萬。

胡志明也知蔣介石打的主意是駐軍後就不撤出了，想把北越當成自己的國土，於是胡志明做了兩件改變越南人命運的事情：

要求越南人不講漢話、不用漢字，改用羅馬拼音。

聯合法國，簽訂六三協定，請求法國只要幫忙趕走蔣介石，越南願意成為法蘭西的一省。

胡志明曾表示，與其吃中國人的大便，不如聞法國人的臭屁。越南革命領袖深知中國人對越南領土的侵略欲，因此一直設法阻止中國有任何藉口重新佔領越南。相對於台灣，同樣是聯軍委託蔣介石暫時接管，當時台灣菁英卻沒認清中國人的野心，還期待「祖國」能協助台灣脫離殖民統治。

蔣介石

蔣介石（1887－1975）中國近代史政治人物、浙江奉化人、曾任黃埔軍官學校校長、中國國民黨中央常務委員會主席，在中國抗日戰爭中勝出、並在國共內戰落敗、逃往台灣，是一個極權專制的獨裁者

前中華民國總統蔣介石， 曾任黃埔軍官學校校長、中國國民黨中央常務委員會主席。北伐結束後，各地方勢力及軍閥都表示願意歸順國民政府，國府接納，但他們只是形式上聽命於蔣。蔣一面帶領中國實施訓政，在中國抗日戰爭中勝出，並在國共內戰落敗後，領導國民黨政府逃亡到台澎金馬。蔣介石被認為是威權體制下的獨裁象徵，是一個極權專制的殘暴獨裁者。

陳儀

陳儀(1883~1950)浙江省紹興人，日本陸軍大學畢業，中華民國陸軍二級上將。二次大戰結束後，曾任台灣省行政長官兼台灣省警備總部司令部總司令，任內發生了二二八事件

二二八事件之後，蔣介石指派陳儀出任蔣的故鄉——浙江省的省主席，這個位置非蔣氏心腹是無法出任的，其器重的程度可見一斑。二二八事件後，陳儀非但沒有受到任何的責罰，反而直接榮陞。

1950 年，國民黨政府因國共內戰，其政權即將崩潰，投機的陳儀，又與中共暗通款曲，變節投共。惟受其屬下湯恩伯告密，被捕，囚於上海，隨著政局不安轉囚基隆、台北。1950 年 6 月 16 日，以「叛國罪」槍決。

在國民黨政府的文獻資料中，至今從來沒有對陳儀在二二八事件上的錯誤處置，有片紙隻字的譴責，如有任何文字提到不利陳儀的話，也只是說背叛「國民政府」。

英勇國軍大屠殺

屠殺手無寸鐵台灣平民，中國國民黨軍真英勇！

1947 年佔領台灣的國民黨二二八大屠殺與隨之而來的綏靖清鄉（就是整村整村的殺），美國稱之「三月大屠殺」（March Massacre）。

3 月 8 日起國軍二十一師與憲四團第三營這兩個殺人集團登台後，配合蔣介石原本安插在台灣各地的鷹犬，在全台各地展開屠殺作業。

3 月 21 日起，國民黨展開綏靖工作，目的在「澈底肅清奸偽，積極安撫民眾，使『二二八』事件的善後工作，能有適當的處理」。

全台灣區分為台北、基隆、新竹、中部、南部、東部、馬公七個綏靖區，分由張慕陶、史宏熹、岳星明（整編第二十一師副師長兼一四六旅旅長，後來投共）、劉雨卿、彭孟緝、何軍章（整編第二十一師獨立團團長，遭中共處決），以及史文桂（澎湖要塞司令）擔任各地區的司令官，各率轄境內的陸軍部隊、憲兵部隊，以及警察來執行清鄉的任務。

1956 年實施全台戶口普查，1962 年台灣省議會郭國基議員曾質詢當年戶口普查結果，總計當年有十二萬六千名台灣人成為「消失的戶口」。

二二八事件

國民黨軍隊接管台灣之後開始進行大肆搜括，造成島內社會秩序混亂，物價飛漲，民不聊生，終於在1947年2月發生了228事件

228事件發生擔任「人民導報」編輯的黃榮燦偷作一幅「恐佈的檢查」木刻，兩個月後發表在「上海文匯報」，最後收藏在日本神奈川近代美術館

台灣史上最大的悲劇。

二二八事件是台灣現代史最重要的事件之一，之後台灣緊接著實施長達三十八年的戒嚴，至少數萬名民眾在白色恐怖時期死亡、失蹤、監禁，二二八事件數十年來一直都禁忌的話題，也是後來族群對立衝突的原因。直到 1980 年代，二二八事件因民主是化改革而重新提起。1995 年，時任總統的李登輝公開向二二八事件受害者道歉，各地陸續為受難者建立紀念碑與紀念園區。歷經國民黨政府四十年的嚴密封鎖與噤聲，在黨外人士對黨國體制的持續衝撞下，二二八事件在今日的台灣已經可以公開討論，政府和學術單位也對事件進行大量研究。政府還將 2 月 28 日訂定為和平紀念日。

二二八事件又稱二二八大屠殺，是台灣於1947年2月27日
到5月16日發生的事件，事件中台灣各地民眾大規模
反抗政府，國民黨政府派遣軍隊鎮壓屠殺台灣民眾，
逮捕及槍決台灣士紳、知識份子

二二八事件發生當時與台灣獨立運動無關，但是陳儀以「陰謀叛亂」、「鼓動暴亂」、「台灣獨立」、「陰謀叛國」、「台灣人與共黨合作」等為由電請南京派兵來台鎮壓，也以藉口捕殺林茂生、陳炘等懷抱強烈祖國認同的台灣人，台灣菁英犧牲慘烈，使台灣人的祖國夢碎，二二八事件也因此成為後來台灣獨立運動興起的重要原因。

未完待續……

INK PUBLISHING 從前 27 手繪台灣人四百年史

作　　　者	邱顯洵
總 編 輯	初安民
責任編輯	陳健瑜
美術編輯	黃昶憲
校　　　對	呂佳真　李珮玲　邱顯洵

發 行 人	張書銘
出　　　版	**INK**印刻文學生活雜誌出版股份有限公司
	新北市中和區建一路249號8樓
	電話：02-22281626
	傳真：02-22281598
	e-mail：ink.book@msa.hinet.net
網　　　址	舒讀網 http://www.sudu.cc

法律顧問	巨鼎博達法律事務所
	施竣中律師
總 經 銷	成陽出版股份有限公司
電　　　話	03-3589000（代表號）
傳　　　真	03-3556521
郵政劃撥	19785090　印刻文學生活雜誌出版股份有限公司
印　　　刷	海王印刷事業股份有限公司

港澳總經銷	泛華發行代理有限公司
地　　　址	香港新界將軍澳工業邨駿昌街 7 號 2 樓
電　　　話	852-27982220
傳　　　真	852-31813973
網　　　址	www.gccd.com.hk

出版日期	2017 年 3 月	初版
	2019 年 1 月 5 日	初版三刷
ISBN	978-986-387-151-4	

定價　380元

國家圖書館出版品預行編目(CIP)資料

手繪台灣人四百年史 ／
邱顯洵繪著. -- 初版 . -- 新北市：INK印刻文
學, 2017.03　面；　公分 . -- （從前；27）
ISBN 978-986-387-151-4（平裝）
1.台灣史 2.漫畫
733.21　　　　　　　　　　106001635